Türkei

Türkei – Die Türkei ist in den vergangenen Jahren zu einem der beliebtesten Reiseziele geworden. Lebensweise und Mentalität erschließen sich dem Türkei-Besucher bei einem Urlaubsaufenthalt jedoch nur schwer. Der Islam prägt mit seinen strengen, für den Nicht-Muslim kaum zu verstehenden Pflichten das türkische Alltagsleben. Groß sind auch die Gegensätze zwischen den verschiedenen ethnischen Bevölkerungsgruppen, zwischen den Lebensverhältnissen in Südostanatolien und den westlichen Landesteilen. Für den Besucher gilt es daher, eine Reihe von Verhaltensregeln zu beachten, um die sprichwörtliche türkische Gastfreundschaft nicht zu verletzen. Der Band verschafft dem Leser mit seiner Fülle von Stichwörtern einen prägnanten Einblick in die türkische Kultur. Strenge Geschlechtertrennung in der Öffentlichkeit, die Rolle der Frau im privaten und öffentlichen Bereich, wie auch das Problem der unterschiedlichen Bevölkerungsgruppen werden neben vielen anderen Erscheinungsformen der türkischen Kultur erklärt. Querverweise führen zu weiteren Stichwörtern und ermöglichen einen Einblick in den türkischen Alltag jenseits der Klischees.

Karl-Heinz Scheffler, geb. 1955, studierte Sinologie, Politik- und Zeitungswissenschaften in München und Hsinchu (Taiwan). Er lebte sechs Jahre in der Türkei, arbeitet als Übersetzer und leitet natur- und landeskundliche Reisen, vornehmlich in Ostanatolien. Er lebt seit 1990 als Schriftsteller in Hamburg.

Fremde Kulturen kennenlernen und gastfreundlichen Menschen begegnen – wie sehr genießen wir das auf Reisen. Zu Hause bei uns jedoch wird mancher Ausländer von einer kleinen Minderheit beschimpft, bedroht und sogar mißhandelt. Alle, die in fremden Ländern Gastrecht genossen haben, tragen hier besondere Verantwortung. Deshalb: Lassen Sie es nicht zu, daß Ausländer diffamiert und angegriffen werden. Lassen Sie uns gemeinsam für die Würde des Menschen einstehen.

Verlagsleitung und Mitarbeiter des Polyglott-Verlages

Lektorat: Gerolf Bergel

Typographie: Brigitte und Hans Peter Willberg

Umschlagentwurf: M & W Knecht Design, Mannheim

Umschlagfoto: Rainer Hackenberg

Karte: Polyglott-Kartographie und Gert Oberländer

2. Auflage 1994/95

© 1992 by Polyglott-Verlag Dr. Bolte KG, München

Printed in Germany

Alle Rechte vorbehalten

ISBN 3-493-60525-0

Türkei

101 Stichwörter

9 begleitende Texte

15 farbige Abbildungen

Karl-Heinz Scheffler

Polyglott-Verlag

München

Begleitende Texte

Mit den ersten Eroberungszügen des Islam im 7. Jahrhundert schien der christlichen Kirche und dem gesamten christianisierten Abendland das Zeitalter der Apokalypse heraufgezogen; in Mohammed glaubte man den ‚Antichrist' gekommen, jenen teuflischen Widersacher, der erst durch die Wiederkunft Christi überwunden werde.

Damals wie auch fast 900 Jahre später, als Luther den Türken ein Teufelswerkzeug nannte, war man gebannt von einem alten, dabei ungenauen Feind- und Schreckensbild. Ob es sich um Byzantinisches Kaiserreich, Islam oder muslimische Türken handelte: immer schimmerte auch eine pauschalisierende Abwehrhaltung durch gegen den die Unabhängigkeit des Okzidents bedrohenden Orient. So spielte es für Europa über Jahrhunderte hin kaum eine Rolle, welche Vielfalt von Völkern und Kulturen sich da unter dem Banner des Kalifen zusammengefunden hatte. Ob Sarazenen oder Türken – wer gerade die Angriffe leitete, gab dem Ganzen seinen Namen.

Auch später – die Türken und mit ihnen der Islam befanden sich militärisch und kulturell längst in der Defensive – blieb dieses undifferenzierte Bild bestehen. In der nun beginnenden Verklärung des Orients durch die europäische Romantik hatten Türken und Perser, Syrer und Ägypter gleichermaßen teil am Klischee des Morgenländers, wie es auch G. W. F. Hegel in seinen „Vorlesungen über die Ästhetik" formulierte: „Wenn der Morgenländer leidet und unglücklich ist, so nimmt er es als unabänderlichen Spruch des Schicksals hin und bleibt sicher in sich, ohne Gedrücktheit, Empfindsamkeit oder verdrießlichen Trübsinn. In Hafis' Gedichten finden wir Klage und Jammer genug über die Geliebte (...), aber auch im Schmerz bleibt er gleich sorgenlos als im Glück."

Eine ehrliche Selbstprüfung zeigt, daß die historisch gewordenen Blickweisen unserer Kultur auf den Orient und speziell auch auf Türken bis heute unsere Wahrnehmung lenken. Politische und patriarchalische Despotie, süßliche Sinnenfreude oder religiöse Strenge, grenzenlose Gastfreundschaft oder fatalistische Gottergebenheit – wer immer die Türkei zum ersten Mal bereist, trägt solche oder ähnliche Klischees mit sich. Sie bilden die eigentliche, die innere Grenze, die allmählich überwunden werden muß, will man je wirklich türkischen Boden betreten.

Daneben gibt es noch eine zweite Grenze, auch diese unsichtbar; sie zieht sich mitten durchs Land.

Geographisch mag Europa bereits in Istanbul, am Bosporus, enden, historisch aber beginnt Asien erst ein paar hundert Kilometer weiter östlich. Ostanatolien, die Gebirgs- und Hochlandregion jenseits des Antitaurus, gehört traditionell zum Einflußgebiet Persiens und Mesopotamiens. Der Westen einschließlich der Küsten war dagegen von der Zivilisation der Griechen und Römer geprägt. Auch nach den türkischen Eroberungen machte sich das rasch bemerkbar. Die Sultane von Konya, Vettern der in Persien regierenden Selçuken, wurden zur Unterscheidung Römer *(rum)* genannt. Die Osmanen Konstantinopels gar fühlten sich so sehr als Abendländer, daß sie zeitweilig etwas Ähnliches wie das junge Rom mit seiner Aeneas-Sage versuchten. Sie führten ihre Abstammung auf einen Helden aus Troja, auf Teucros, einen Halbbruder des Ajax, zurück.

Noch vor knapp einem Menschenalter wurde in Istanbul mehr Griechisch als Türkisch gesprochen. In der Glanzzeit des Osmanischen Reiches waren die Großwesire vorwiegend Albaner, Slawen oder Griechen, die Wurzeln in Europa also nie nur eine Fiktion, sondern Wirklichkeit. Trotzdem vermögen viele von uns in der Westorientierung des Landes nicht viel mehr zu sehen als ein bloßes – dabei äußerst zerbrechliches – Bekenntnis neueren Datums.

Daß nicht wenige Türken selbst Mühe haben, ihren genauen Standort zu bestimmen, läßt sich allerdings nicht leugnen. Die Unterschiede zwischen den alten Einflußzonen, zwischen Küsten und Binnenland, Stadt und Dorf sind nach wie vor gewaltig. Unübersehbar aber ist alles in Bewegung, wie immer, wenn ein Land den Übergang von einer Agrar- in eine Industriegesellschaft durchlebt. Die letzten Nomaden werden seßhaft, Tausende archaischer Dörfer verlassen, Zehntausende mit Straßen und Elektrizität versorgt, wuchernde Städte von Bauern und ihren Lebensgewohnheiten überschwemmt.

Der Istanbuler, dem die meisten Viertel durch die vielen neuen Bewohner fremd geworden sind, sehnt sich nach dem Istanbul der 20er und 30er Jahre zurück wie seinerseits der Zuwanderer nach seinem Dorf, nach klarem Wasser und geordneten Verhältnissen. Beide haben teil an der Gemütslage der gesamten Nation, sind hin- und hergerissen zwischen Aufbruchsstimmung und Heimweh, Optimismus und Verzagtheit und finden sich in der eigenen Gesellschaft oft genauso wenig zurecht wie der ausländische Besucher.

Letzterer wird Menschen begegnen, die mit ihm weit mehr gemein haben als mit so manchen ihrer eigenen Landsleute. Dabei sind es nicht so sehr Klassen, die sie trennen: Im Grunde sind es Zeiträume von Jahrzehnten, gar von Jahrhunderten, die zwischen verschiedenen Regionen und Kulturmustern aufklaffen können. Das ,Typische', das der Besucher am Gastarbeiter zu Hause ausgemacht zu haben glaubte, sinkt zu einer Facette herab. Es erweist sich nicht nur als Teilausschnitt, sondern häufig genug auch als längst überholt. Typisch ist allenfalls, trotzig, oft verzweifelt an all dem festzuhalten, was nur irgend an die Heimat *(memleket)* erinnert. Denn die nicht selten leidvolle Erfahrung der Fremde *(gurbet)*, das Gefühl der Heimatlosigkeit, ist nicht auf den im Ausland lebenden Türken beschränkt. Jede Familie, die es in einen der großen Ballungsräume des eigenen Landes verschlägt, jeder Kurde, der in der Westtürkei Arbeit sucht, jede Frau aus Izmir oder Bursa, die im Osten an einer Dorfschule unterrichtet – sie alle kennen jenes Gefühl des Fremdseins zur Genüge. Sie alle mögen auf Religion, Sitten und Brauchtum als die letzten Sicherheiten setzen, die ihnen noch geblieben sind. Und tun sie es nicht, scheinen als erstes immer die großen Tugenden verlorenzugehen, für die das Land zu Recht in aller Welt gerühmt wird.

Gastfreundschaft und Höflichkeit, Religiosität und Traditionsverbundenheit sind untrennbar ineinander verwoben. Der ausländische Besucher, der in den Genuß der einen kommt, kann unmöglich den anderen seinen Respekt versagen.

▰▰▰ Aberglaube

Die Übergänge zwischen vom Islam bestimmter Volksfrömmigkeit und den Bereichen des ‚Aberglaubens‘, d.h. magischer Vorstellungen und Praktiken teils aus vorislamischer Zeit, sind fließend. So kann man etwa die *cinni*, durch den Koran verbürgte Geisterwesen, durchaus in Gesellschaft heidnischer Dämonen *(dev)* antreffen.

Wunderheilung, obgleich vom Gesetzgeber verboten, wird überall praktiziert. In der Regel kommen die medizinisch notorisch unterversorgten ärmeren Schichten mit naturkundlichen Verfahren in Berührung (↗Medizin). Kräuter und Salben werden dabei zusammen mit Amuletten *(muska)* verabreicht. Die *muska* sind zumeist mit Koransprüchen oder auch nur einzelnen arabischen Buchstaben versehen, mißt man diesen doch besondere Kräfte bei (↗Kunst). Je nach Anlaß werden die Amulette am Körper getragen oder verbrannt und dann, in Wasser oder Medizin aufgelöst, getrunken bzw. Wundverbänden beigegeben.

Der Faszination teils uralter anatolischer Praktiken im Bereich der Zauberei *(büyücülük)* hingegen erliegen selbst die Reichsten. Zauberer *(büyücü)* und Geisterbeschwörer *(cinci hoca)* dürften noch zahlreicher vertreten sein als Wunderheiler, glauben sich doch sehr viele Menschen zumindest im Besitz gewisser Kenntnisse. Je nach Region weichen die Verfahren im Detail voneinander ab, die Gründe, sie in Anspruch zu nehmen, sind jedoch überall die gleichen: Jemandem soll Schaden zugefügt, Potenz soll gesteigert oder unterbunden, ein Kinderwunsch erfüllt, ein Paar zusammen- oder auseinandergebracht werden.

Die häufigsten Utensilien sind Haare, Kleidungsstücke, Seifen, Fingernägel, Eier, Schweinefett, Zucker, Vorhängeschlösser. Neben arabischen Schriftzeichen spielen manche Zahlen eine wichtige Rolle, besonders die (wie im gesamten Mittelmeerraum) als magisch geltende Sieben; im Islam wird ihre Bedeutung auf die sieben Siegel Salomos zurückgeführt oder gar die sieben Könige der *cinni* – gelten ja gerade letztere als Ursache für mancherlei Leiden.

Seife, mit Nadeln gespickt, soll Schaden zufügen; als unheilvoll gilt auch Schweinefett an Kleidern oder auf Türschwellen. Türschlösser, in geöffnetem oder verschlossenem Zustand, können Paare trennen oder zusammenschweißen; Gleiches vermögen mit Geheimzeichen versehene Eier, menschliche Figuren aus Bienenwachs oder auch geschmolzene Metalle, je nachdem auf zwei Gefäße verteilt bzw. in einem zum Erstarren gebracht.

In gravierenden Fällen, in denen eventuell bis zur Tötungs-
absicht gegangen wird, müssen alle Utensilien vom Zauberer
besprochen oder angehaucht *(üfürükçülük)* werden; das Opfer ist
gezwungen, einen Gegenzauberer zu bemühen. Dagegen sind Zauberer bei harmloseren Verfahren entbehrlich: Soll etwa jemand
wiederkommen, von dem man sich Vorteile verspricht, genügt es,
Mehl oder Knöpfe am Kopfende seines Bettes zu verbergen.

Weit verbreitet sind Weih- und Opfergaben. An seit alters
magischen Plätzen (Felsen, Bäumen, Quellen etc.) hinterlegt man
Steine, bindet Stoffetzen an Zweige oder hat durch Berührung teil
an der Segenskraft *(bereket)* von Dingen und Personen. Zahllose
Gräber, oft nebulös synkretistischen Charakters, sind das Ziel re-
gelrechter Wallfahrten, obwohl der orthodoxe Islam Heilige nicht
anerkennt.

Wo die Steppenraute gedeiht, werden die kichererbsen-
ähnlichen Früchte auf Fäden gezogen und zu Talismanen verar-
beitet. Überall fürchtet man nämlich *nazar,* den ‚bösen Blick‘, und
um sich zu schützen, hält jeder Landstrich seinen eigenen Zauber
bereit. Am populärsten sind blaue Glasperlen *(mavi boncuk)* mit
der Abbildung eines Auges (↗Farben). Quer durch alle Gesellschaftsschichten macht man sie einander zum Geschenk: als
Schmuck, für Neugeborene (Mensch und Tier), beim Hausbau, als
Schutz und Zierde von Verkehrsmitteln aller Art. Ein wohl noch
älterer Abwehrzauber sind Hände; seit der Einführung des Islam
als Hand Fatimas (Mohammeds Tochter) bezeichnet, taucht die
Hand in magischer Bedeutung jedoch bereits in neolithischen
Siedlungen (↗Geschichte) auf.

Von *büyücülük* abgesehen ist der Umgang mit diesen Dingen spielerisch und frei von Fanatismus – berühmtestes Beispiel:
Kaffeesatzlesen *(fal);* die Mokkatasse wird auf den Kopf gestellt,
der Satz läuft an den Innenwänden herab und ermöglicht Rückschlüsse auf die Zukunft.

An heiligen Stätten jedoch, wo sich Volksglaube und Islam
berühren, sind Takt und Einfühlungsvermögen geboten (↗Blu-
men, Tiere). Die Legende hat jene häufig in Märtyrer-*(şehit)*gräber
umgewandelt.

▰▰▰ Arbeitsleben

Ein osmanischer Türke, der auf sich hielt, führte entweder ein
Nomadenleben im Stil seiner Vorfahren, herrschte als *ağa* (↗Ge-
sellschaft) über Bauern und Land oder half als Angehöriger der
ulema, der islamischen Gelehrten, das Reich zu verwalten. ‚Be-

rufe' waren etwas für die eroberte Bevölkerung; für die Handel und gottlose Künste treibenden Juden und Christen sowie die alteingesessenen, zumeist zum Islam übergetretenen Anatolier.

Das Ansehen des Gelehrten (⭧Bildung) bleibt unverändert hoch, sozialer Aufsteiger Nummer Eins ist aber ohne Frage der Unternehmer. Der alte Geldadel ist mit den Griechen weitgehend verschwunden. Wer jetzt an der Spitze steht, hat im Grunde bei Null angefangen. (Paradebeispiel: S. Sabancı aus Kayseri. Machte ein Vermögen durch die Erschließung der Sümpfe bei Adana. Heute Bankier, Industrieller, aber auch Finanzier kultureller und sozialer Einrichtungen.) D. h., jeder, der nur irgend das Zeug dazu hat, kann den Aufstieg schaffen. Klassendünkel wird ihm so gut wie nicht begegnen. Für die Struktur der Betriebe bedeutet dies allerdings, daß sie genauso funktionieren wie die übrige Gesellschaft: streng hierarchisch. Der *patron* ist väterlich sowohl in seiner Strenge wie (im Idealfall) in seinem Verantwortungsgefühl; der Angestellte buckelt und dem Lehrling zieht man die Ohren lang.

In den zahlreichen landwirtschaftlichen Kooperativen gibt es ein wirkliches Kollektiv nicht: Kooperative heißt lediglich, daß der Staat z.B. für ein Bewässerungssystem günstige Kredite gewährt, aber nicht, daß Traktoren oder Mähdrescher gemeinsam angeschafft würden. In der Landwirtschaft ist noch mehr als die Hälfte aller Erwerbstätigen beschäftigt. Die Arbeitsbedingungen hier sind unglaublich hart (⭧Frauen, Kinder), die Verwendung einfachster Geräte wie Handsicheln und Holzpflüge ist vielerorts noch gang und gäbe (⭧Armut). Rund zwei Drittel – meist Familienangehörige (wie auch im Einzelhandel, Hotel- oder Gaststättengewerbe) – arbeiten zudem ohne Lohn. Versichert sind sie fast alle nicht (⭧Medizin). Versicherungspflichtig sind nur Arbeitnehmer in Industrie und Handel, also weniger als ein Fünftel der Erwerbstätigen; Frauen arbeiten in erster Linie in Büros oder Banken.

Auch in der Industrie klaffen die Arbeitsbedingungen weit auseinander. Neben absolut westlich geführten Betrieben existieren solche mit lebensgefährlich mangelhaftem Arbeitsschutz (Bergbau!). Immerhin, wenigstens in Industrie und Handel gibt es gesetzliche Arbeitszeitregelungen (max. 45 Std. in der Woche; Sonntag flexibler Ruhetag; täglich max. 3 Überstunden) und bezahlten Urlaub (gestaffelt 12–24 Arbeitstage plus 8 Feiertage). Auch Gewerkschaften sind zugelassen. Allerdings ist ihr Handlungsspielraum seit der schweren innenpolitischen Krise in den siebziger Jahren stark begrenzt. Von Restriktionen betroffen sind vor allem Tarifautonomie und Streikrecht. Um tariffähig zu sein, d.h. in freien Verhandlungen mit Arbeitgebern Lohn- und Arbeitsbedingungen zu vereinbaren, muß eine Gewerkschaft mindestens zehn Prozent der Beschäftigten einer Branche und mehr als die Hälfte der Beschäftigten des Betriebes, für den gerade verhandelt wird, repräsentieren. Politische Streiks, Solidaritäts- und Generalstreiks sind verboten; ebenso Arbeitsplatzbesetzungen, absichtliche Verlangsamung oder Senkung der Produktion sowie alles, was der Allgemeinheit zum Schaden gereicht. Hauptursache für diese aus Sicht der Internationalen Arbeitsorganisation (IAO) äußerst strengen Auflagen ist die frühere Verknüpfung der Gewerkschaften mit politischen Parteien. Vor allem Funktionäre der marxistischen DISK, einer branchenübergreifenden Dachorganisation, wurden nach dem Putsch von 1980 wegen staatsfeindlicher Aktivitäten vor Gericht gestellt.

Die Arbeitslosenrate wird seit Jahren mit etwa 10% angegeben. Infolge fehlender Arbeitslosenversicherung besteht indes für viele Erwerbslose kein Anreiz sich zu melden. So dürfte die Rate bei mindestens 20% liegen. Selbst positive Schätzungen rechnen für die neunziger Jahre mit einem Anstieg auf rund 6 Mio. Arbeitslose. Arbeit im Ausland (↗Gastarbeiter, Reisen der Einheimischen) wird auch künftig ein gewichtiger Faktor im sozialen und wirtschaftlichen System der Türkei sein.

Architektur

Damit die islamische Frau wie überhaupt das Familienleben vor Blicken Fremder geschützt bleibt (↗Frauen), ist das Wohnhaus nach außen abgeschirmt. Bei den Türken wirkt zudem nomadisches Erbe in der Bauweise nach: Lebensmittelpunkt ist entweder eine überdachte Veranda *(hayat)* oder ein Innenraum *(sofa)*, um den herum sich bei größerem Wohlstand Zimmer gruppieren wie einst die Zelte der Sippe um die gemeinsame Feuerstelle. Dabei wird weniger solide als funktionell gebaut; auch dies eine Parallele zum Zelt, weshalb die Häuser kaum über 100 Jahre alt werden.

Das Leben der Nomaden war bestimmt vom Wechsel zwischen Sommer- und Winterweiden. Geblieben in den Häusern auf dem Land sind Sommer- und Winterzimmer (↗Klima). Letztere – mit kleinen Fenstern und niedrigen Decken – liegen oft in einem festungsartigen Untergeschoß, das auch als Remise oder Stall genutzt werden kann. Die Sommerzimmer sind zur besseren Durchlüftung nach oben verlegt. Sie sind weit und mit vielen großen

Fenstern und vorkragenden Erkern versehen. Je nach Klima oder Landschaft werden vorwiegend Holz (Nordanatolien), Stein und Ziegel (Zentralanatolien), Stein und Holz (West- und Südanatolien) oder Ziegel (Ostanatolien) verwendet. Im letzten Fall dominieren mesopotamische Einflüsse: keine Obergeschosse; flache, binsengedeckte Dächer; Mauern aus luftgetrockneten Lehmziegeln, verputzt mit einer Mischung aus Lehm und Häcksel. Um die Ziegel vor Auswaschungen zu schützen, hat Mesopotamien einst die Kachel erfunden.

Auch der klassische Palast *(saray)* spiegelt die Vergangenheit wider. Einer weitläufig in den Park gebetteten Zeltstadt gleicht der Topkapı-Palast in Istanbul. Repräsentation fand nicht in geräumigen Sälen statt, sondern in einzelnstehenden, der jeweiligen Funktion (Audienz, Ratsversammlung, Beschneidung etc.) gemäß ausgestatteten Pavillons *(köşk,* davon abgeleitet: Kiosk). Selbst die prachtvollen selçukischen Mausoleen *(türbe, kümbet)* führen die Tradition des Totenrundzelts der Steppenvölker weiter. Versehen mit einem Andachtsraum oben und der eigentlichen Grabkammer im Keller, erinnern sie an die alte Zeremonie: Erst wenn der im Zelt aufgebahrte Leichnam zu verwesen begann, wurde er erdbestattet.

Die eigentlichen Monumente türkischer Architektur sind jedoch öffentliche Bauten wie Karawansereien (errichtet im Abstand von Tagesreisen, also bis zu dreißig km), Bäder (⟋Hamam), Koranschulen *(medrese,* ⟋Bildung) und Moscheen. Eine auf den Gemeinsinn verpflichtete Gesellschaft hat derlei Projekte stets begünstigt. Als fromme Stiftungen *(vakıf)* boten sie zudem die Möglichkeit, Besitz dem Zugriff zu vieler Erben oder gar des Staates zu entziehen. Darum wurden mit ihnen zugleich auch Läden errichtet, aus deren Pachterträgen sich der ganze Komplex mitfinanzierte.

Der Stil setzte sich je nachdem aus urtürkischen und den regional vorherrschenden Elementen zusammen. Aus dem Persien der Selçukenzeit (⟋Türken) stammen vor allem prachtvolle Portale mit Spitzbogen, Bogennische und verschwenderischer Steinornamentik (Stalaktitreihen); dann sogenannte *eyvan,* gewaltige Nischenhallen an jeder der vier Seiten eines Zentralhofs: in Koranschulen, Moscheen oder auch Karawansereien.

Armenier lehrten die Türken den Umgang mit Natursteinen und vermittelten ihnen die erdbebenerprobte Technik, Gußmauerwerk innen und außen mit Steinquadern zu verkleiden. Wechselseitige Beeinflussung wird auch deutlich an den Parallelen zwischen armenischen Kirchenkuppeln und selçukischen Grabbauten, armenischen Kreuzsteinen *(kaçkar)* und selçukischen Grabstelen, bei Reliefkunst an Außenwänden und den Dreiecksnischen, den einst magischen Felsnischen Urartus.

Mit der Eroberung Konstantinopels setzt sich griechisch-byzantinischer Einfluß durch. Seit dem Wirken Sinans im 16. Jahrhundert, dem Höhepunkt osmanischer Baukunst, ist in nahezu jeder Moschee die Raumwirkung der Hagia Sophia zu spüren. Die Vielzahl kleinerer Kuppeln und Säulen weicht einer gewaltigen, auf vier Pfeilern ruhenden Zentralkuppel; dem Gebetsraum vorgebaut wird ein weiter Säulenhof, das alte Atrium. Anders als das Langhaus der christlichen Basilika betont die Moschee die Breite des Raumes. Sie ist weniger Gotteshaus – wie die Kirche – als Versammlungsort, von daher kaum strikten baulichen Bestimmungen unterworfen (ursprünglich an Mohammeds Wohnhaus orientiert). Kirchen konnten so leicht in Moscheen umgewandelt (Einbau von Gebetsnischen; ↗Kunst, Riten), selbst Glockentürme (besonders in Kappadokien) als Minarette verwendet werden.

Mit dem Niedergang des Osmanischen Reiches seit dem frühen 18. Jahrhundert begann eine Umorientierung nach Europa; zuerst in der Ornamentik, zunehmend auch in der inneren Raumstruktur. Europäisches Barockdekor tauchte zum ersten Mal bei den öffentlichen Brunnen *(çeşme;* als Stiftungsbrunnen: *sebil)* auf. Ein regelrechtes Rokoko, in der Türkei „Tulpenzeit" genannt, ersetzte die bis dahin eher zurückhaltende Ornamentierung (zumindest der Fassaden) durch üppigen Schwulst, durch Konsolen und vergoldeten Stuck. Paläste und Wohnhäuser der städtischen Oberschicht gliederten sich nun auch innen nach europäischem Vorbild: Gefragt waren fortan Tapeten, Sessel, Betten oder Einrichtungsgegenstände wie Standuhren (↗Wohnen, Statussymbole).

Der moderne Nationalismus etwa seit dem ausgehenden 19. Jahrhundert bewirkte eine Art türkischer Renaissance. Bei Palästen wie dem Yıldız-Palast in Istanbul besann man sich wieder auf das Prinzip verstreut liegender Pavillons; bei Profanbauten wie den Bahnhöfen der Bagdadbahn auf Spitzbögen oder Fayencenschmuck. Auch hat der Tourismus neuerer Zeit es privaten und staatlichen Organisationen (an der Spitze der türkische Touring und Automobil Club) ermöglicht, traditionelle Holzhäuser, ja, ganze Altstadtviertel (↗Stadt- und Landleben) vor dem Abriß zu bewahren. Dennoch ist der gesichtslose Einheitsstil der Weltzivi-

Lieblingsbeschäftigung der Männer:
Entspannen bei der Wasserpfeife

… und in Gesellschaft mit anderen

Der Islam ist Teil des Alltags: Betende Frauen im Hof einer Moschee

Der ehrwürdige Raum fördert die innere Sammlung: Muslim beim Lesen des Korans

lisation auf dem Vormarsch. Bei öffentlichen wie privaten Bauten dominiert Stahlbeton. Auffällig sind die herausragenden Anschlußeisen auf den Flachdächern: Ist Geld da oder besteht neuer Platzbedarf durch Verheiratung der Kinder, kann so leicht aufgestockt werden.

▣ **Armut**

Die Armut im Land hat viele Gesichter. Die der Bauern ist klassisch. 70% von ihnen teilen sich in gerade 20% der landwirtschaftlichen Nutzfläche (5–10 ha pro Familie). Ein Fünftel der Bauern aber besitzt überhaupt kein Land. Rund 10% arbeiten als hochverschuldete Pächter, Barmittel können sie so gut wie nie erwirtschaften; der weitaus größere Teil verdingt sich unter unsäglichen Bedingungen als Saisonarbeiter. Ob jedoch als Baumwollpflücker oder Hilfskraft – Schlaf- und Arbeitsplatz sind identisch: eine Plastikplane auf dem Feld, eine Matratze auf der Baustelle. Die Familien bleiben dabei meist im Dorf zurück. Noch 1983 befanden sich rund 700 Dörfer in der Hand eines landbesitzenden *ağa* (↗Gesellschaft). Die letzten versprengten Nomaden ziehen über Hochweiden, die so karg sind, daß sie ihnen keiner mehr streitig macht. Da sie die Jahre der Landverteilung verpaßten, liegt ihre Zukunft einzig in den Armenvierteln, den *gecekondu* (↗Stadt- und Landleben). Die erbärmlichen Winterlager, die sie schon jetzt nur noch in Städten, z.B. entlang der Mauern von Diyarbakır, errichten können, geben einen ersten Vorgeschmack.

Härter noch sind die Winter für Bewohner abgelegener Bergdörfer, vor allem im eiskalten, über Monate tief verschneiten Osten: Die Behausungen dort sind oftmals gekennzeichnet durch Enge und Primitivität. Zuweilen müssen sich Mensch und Tier einen einzigen Raum teilen (↗Wohnen, Medizin). Verhängnisvoll können dann immer wieder die unpassierbaren Wege werden: Als in den siebziger Jahren bei Çaldıran die Erde bebte, gab es vor allem deshalb Tausende von Toten, weil von außen keine Hilfe zu ihnen gelangte.

Familien, die aus solchen oder weniger dramatischen Gründen in Städte abwandern, finden zunächst nicht nur keine Arbeit, sie finden auch keine Wohnung. Für neue *gecekondu* ist im Grunde kein Platz mehr, die bereits vorhandenen quellen über.

Hunderttausende von ↗Gastarbeitern verarbeiten dieses Trauma, indem sie ihr Erspartes hauptsächlich in Appartementblocks stecken und nach ihrer Rückkehr von den Mieteinkünften leben.

Wer dieses Glück nicht hat, rackert sich ab (↗Einkommensverhältnisse); nicht selten unterstützt von den Kindern. Steuern – die Einkommenssteuer beträgt gut ein Drittel – werden nach Möglichkeit umgangen: Selbständige lassen sich erst gar nicht registrieren, Zuwendungen (↗Bestechung) an staatliche Kontrolleure kommen sie günstiger. Und so wird auch der Staat, ohnehin hoffnungslos verschuldet, um Riesensummen gebracht. Seinen unterbezahlten Beamten bleibt er oft monatelang den Lohn schuldig, auch denen, die das Geld am nötigsten brauchen: den Straßenkehrern, Wildhütern oder Dorfvorstehern. Gehen sie dann in Pension, müssen sie dennoch irgendwie weiterverdienen. Der Tourismus schien hier eine Lösung zu bieten. Viele der kleineren Pensionen am Mittelmeer gehören ehemaligen Beamten. Mit ihren letzten und einzigen Ersparnissen bauten sie auf die oft viel zu hohen Versprechungen der Branche (↗Tourismus), um häufig genug letztlich alles zu verlieren.

Was diese neue Armut für viele so bitter macht, ist ein nie gesehener Reichtum der Nutznießer der wirtschaftlichen Veränderungen. Neid und politische Radikalisierung sind wieder einmal greifbar im Land. Da zudem die Westprovinzen dem Osten jetzt erst recht davoneilen, erhält auch der Konflikt zwischen den Volksgruppen neue Nahrung (↗Minderheiten).

Religiösen Nationalisten wie den undurchsichtigen *süleymancılar* eröffnet die Armut Chancen in der Jugendarbeit. Sie unterhalten Internate und Kurse für Kinder mittelloser Familien oder alleinstehender Frauen, später dann übernehmen sie die Kosten für Berufs- oder Universitätsausbildung. Der Vorwurf, es handle sich hierbei um getarnte Geheimbünde mit langfristig umstürzlerischen Absichten, führt immer wieder zu Verhaftungen und Prozessen.

Atatürk

Jeder im politischen Leben, ob links, ob rechts – oder gar die Armee, wenn sie putscht, versucht sich auf den *gazi* („Frontkämpfer") Mustafa Kemal Paşa alias Atatürk (1881–1938; ↗Namen) zu stützen. Er ist die große Integrationsfigur des Staates. Ohne die nach der Niederlage im Ersten Weltkrieg (↗Geschichte) von ihm initiierte Unabhängigkeitsbewegung wäre ein Großteil des Landes längst zwischen Griechen, Russen, Syrern und Armeniern aufgeteilt. Dieses nationale Verdienst läßt aus der kleinsten vermuteten Verunglimpfung (↗Patriotismus) leicht eine Straftat werden und zwingt die nicht wenigen Kritiker zu kuriosen Verrenkungen: Jedes politische Argument gilt nur, ist es mit Atatürk, nicht gegen ihn formuliert. Was er wirklich wollte und in seinen „sechs Prinzipien" niederlegte: vor allem den nationalen Verfassungsstaat nach westlichem Vorbild, eine staatliche Lenkung des Wirtschaftsgeschehens und strikte Selbstbeschränkung auf die Interessen der Türkei in den Grenzen von 1920, ist heute vielfach verwässert. Das Ende des Osmanischen Reiches hatte Atatürk als hochdekorierter Offizier erlebt. Innerhalb der Armee gehörte er Kreisen an, die sich schon seit mehr als einem Jahrhundert am Westen orientierten. Ohne die Vorarbeit von Generationen, ohne die Unterstützung durch einen Großteil der städtischen Intelligenz wäre der endgültige Bruch mit der Vergangenheit nicht möglich gewesen (↗Politik).

Die radikale Säkularisierung schockierte vor allem die einfachen Bauern. Atatürk verbesserte jedoch nicht nur ihre Lebensbedingungen (zumindest damals), er hob auch ihren Stolz, indem er sie als die eigentlichen Träger des Türkentums bezeichnete.

Um den Einfluß seiner Feinde, der osmanischen Geistlichkeit, einzudämmen, verlegte er die Hauptstadt von Istanbul nach Ankara. Errichtet wie eine europäische Metropole, zudem im Herzen des neuen Staatsgebiets gelegen, schien Ankara das ideale Symbol eines rein türkischen Zeitalters (↗Geschichte).

Glaube, Liebe, Aircondition

Wir dachten: Wir sind die Wirklichkeit. Wir hatten unseren inbrünstigen Glauben an die Republik und unsere uneingeschränkte Liebe zu ihrem Begründer Kemal Atatürk. Er hatte ein träges, nichtsnutziges und altmodisches Sultansregime beseitigt: diese Männer mit den großen weißen Turbanen auf ihren Köpfen und ihren langen Flattergewändern, über die man nur lachen konnte. Das Palastleben mit den kostspieligen Festen, die vierzig Tage dauerten, mit ganzen Scharen von Saszspielern, Männern mit großen Schnauzbärten und troddelgeschmücktem Fez auf dem Kopf, und dazwischen die Bauchtänzerinnen. Die Ausflüge mit Ruderbooten auf dem Bosporus, die verschleierten Frauen mit weißen Sonnenschirmen. All die Bilder, die wir in unseren Schulgeschichtsbüchern gesehen hatten, kamen uns lächerlich vor und schienen uns aus einer anderen Welt zu stammen. Am Gründungstag der Republik und am Geburtstag unseres allmächtigen Vaters Atatürk wurde uns jedes Jahr erklärt, der Sultan und sein Gefolge hätten sich auf Kosten ganz Anatoliens amüsiert. Anatolien mit seinen feinen handgeknüpften Teppi-

chen, den Kupferschalen und Stickereien, den offenherzigen, gastfreundlichen Menschen, die alle ihre eigene Musik und ihre eigenen alten Tänze hatten. Anatolien mit der eigenen Sprache, die
ganz anders war als die Istanbuls, eine schwere, vielschichtige,
komplizierte Sprache mit vielen arabischen und persischen Wör-
tern. Anatolien sei rein, so wurde uns gesagt, aber der Palast sei
voller Intrigen gewesen, vor allem in den letzten Stadien des
Reichs und unter der Dynastie des Sultans Abdülhamit, der der
Vater von Hakki Pascha gewesen war, dem Märtyrervater
unserer kindlichen Großmutter. Sie war bestimmt unschuldig –
sie war ja noch ein kleines Kind gewesen, damals im Palast.
Wir lachten sie aus, wenn sie sagte, Atatürk sei ein schlechter
Mensch, weil er ihre Familie zugrunde gerichtet hätte. Er hatte
sie nach Rhodos verbannt und ihnen ihren ganzen Besitz wegge-
nommen.
Wir waren keineswegs stolz auf unsere mitschuldigen Vorfahren.
Wir waren froh, daß wir Kinder Atatürks waren, und stolz auf
seinen Sieg. Er hatte eine korrupte Dynastie bestraft. Er hatte sie
beseitigt, weil diese Männer um ihres Vorteils willen dem Feind
nachgeben wollten, der darauf aus war, Anatolien zu teilen und
an sich zu reißen. Die Leute im Palast hatten nur sich selbst
retten wollen, aber Atatürk hatte Anatolien gerettet, und er hatte
nicht nur die Feinde besiegt, er wollte außerdem, daß die neue
Nation genauso zivilisiert werden sollte wie diese Gegner: die
Franzosen und die Engländer. Er wollte, daß wir die gleiche
Schrift schrieben, die gleichen Kleider trugen wie sie. Er wollte,
daß sich die Männer und Frauen vom Staat verheiraten ließen
und nicht mehr vom Imam. Unsere Eltern sollten einander treu
sein. Unsere Väter sollten nicht vier Frauen haben, unsere Mütter keinen Schleier tragen. Sie sollten sogar einen Hut tragen dürfen, so wie die französischen Frauen, und mit ihren Ehemännern
in der Öffentlichkeit Tango tanzen und Walzer und Foxtrott, und
wir Kinder hatten eine große Zukunft, aber auch eine große Verpflichtung gegenüber unserem Land.
Jeden Morgen in der Schule riefen wir im Chor: „Unsere Aufgabe
ist es, die türkische Republik auf den Stand der westlichen Länder zu heben, sie zu verteidigen und uns für unsere Gesellschaft
zu opfern: Glücklich, wer Türke ist!"
Wenn Großmutter und Mutter sich auf arabisch unterhielten,
sorgten wir dafür, daß sie damit aufhörten. Es war uns peinlich,
wenn sie im Bus oder auf dem Markt laut und schnell Arabisch
sprachen. Wir merkten, daß die Leute uns spöttisch ansahen, und

wenn die Kinder das Arabisch hörten, riefen sie meiner Schwe-
ster und mir hinterher: „Araber, Araber! Stinksocken!"
„Wir sind keine Araber!" schrien wir zurück.
„Lügt doch nicht, lügt doch nicht! Eure Mutter und eure Groß-
mutter sind Araberinnen!"
Wie leicht wäre es gewesen, in solchen Augenblicken die Wahr-
heit zu sagen. Zu sagen, daß unsere Großmutter die Nichte des
Sultans und im Palast aufgewachsen war. Aber wir taten es
nicht, weil die Kinder, die uns Schimpfwörter nachriefen, genau-
so stolz darauf waren wie wir, Kinder Atatürks, Kinder der
Republik zu sein.
Aus: Aysel Özakin, „Glaube, Liebe, Aircondition. Eine türkische
Kindheit".

▬▬ Ausländer

Lokalpatriotismus spielt in der türkischen Mentalität eine größere
Rolle als das Nationalbewußtsein. Für den „Ausländer", den die
deutsche Sprache von den Bewohnern des „Inlands" unterscheidet, hat die türkische das Wort *yabancı*, d. h. eigentlich „Fremder" –
und fremd ist, wer nicht dazugehört, wem man sich nicht verbunden fühlen kann; der Begriff trennt da nicht nach Türken
und Nicht-Türken. Innig verbunden fühlt man sich im Ausland
jedem aus der Heimatregion, auch wenn man einander persön-
lich noch nicht kennt. Der Kurde im eigenen Staat dagegen kann
einem – anders als es die „Bergtürken"-Doktrin jahrzehntelang
wollte (↗Minderheiten) – fremder erscheinen als ein Ausländer,
wenn man ihn nicht versteht und seinen Hintergrund nicht
kennt.

Doch gibt es natürlich in der Türkei des 20. Jahrhunderts
ein starkes Nationalbewußtsein – sei es dem arabischen, amerika-
nischen oder europäischen Ausland gegenüber, von dem man
jeweils seine aus geschichtlichen Erfahrungen oder Vorurteilen
geformten Bilder hat. Bei Griechen unterscheiden Türken zwischen der Minderheit im eigenen Land, die sie in Bezugnahme auf
Ostrom (Konstantinopel) noch als „Römer", *rum*, bezeichnen
(↗Geschichte), und Auslandsgriechen, den „Ioniern" *(yunan)*.
Anders, als die vielen Kriege bis in die jüngste Vergangenheit
vermuten lassen möchten, fühlt man sich letzteren wie auch den
anderen traditionellen Gegnern, den Russen, durch viele histo-
rische Gemeinsamkeiten verbunden; beiden bringt man, bei allem
gegenseitigen Mißtrauen, die Achtung entgegen, die man seit
Jahrhunderten für die Kultur des anderen empfindet.

Amerikaner und Engländer stehen für westlichen Kolonialismus. Die Rolle, die England beim Aufstand der Araber (Lawrence von Arabien), ja, generell im Ersten Weltkrieg spielte (Schlacht um die Dardanellen), scheint bis heute nicht ganz verziehen. Die Vereinigten Staaten, gefühlsmäßig als Nachfolger des British Empire eingestuft, gelten in breiten Schichten als Inbegriff der Bedrohung: als Infragestellung der eigenen überlieferten Wertvorstellungen.

Das Verhältnis zu Franzosen ist zwiespältig, das zu Deutschen manchmal ein wenig verzweifelt: eine Liebe, die nicht genügend erwidert zu werden scheint.

Franzosen waren die ersten christlichen Lehrer (⬈Sprache) und Verbündeten (damals noch gegen die Habsburger). An der Zerstückelung des Osmanischen Reichs waren sie jedoch ebenso beteiligt wie Russen und Engländer. Gerade vor diesem Hintergrund und auch nicht erst seit der Allianz im Ersten Weltkrieg, ist die Beziehung zu Deutschland eine besondere. Preußen (Helmut von Moltke) halfen ohne territoriale Ansprüche die Armee zu modernisieren; Künstler wie Paul Hindemith oder Rudolf Belling (30er Jahre) unterstützten den Aufbau von Akademien; Verfolgte des Nazi-Regimes (Carl Ebert, Ernst Reuter, H. Reichenbach, E. E. Hirsch) waren am Entstehen des Theaters, philosophischer Lehrstühle oder des türkischen Handelsrechts beteiligt; nun leben mehr als 1,6 Mio. Türken in Deutschland. Kurz, es besteht das Gefühl einer Schicksalsgemeinschaft in einer Welt von Feinden, eine Fixierung auf den einzigen Freund im Westen, auf dessen Zurückweisung und Kritik mit um so stärkeren Emotionen reagiert wird.

▬ Beerdigung und Tod

Das Jüngste Gericht erwartet der Tote, die Augen nach Mekka gewandt, im einfachen Grab ohne jegliche Beigaben. Vor der Beerdigung findet zu Hause die rituelle Waschung statt. Anschließend wird der Leichnam in ein weißes Tuch gehüllt. Nach dem Totengebet, das stets nach dem Mittagsgebet gesprochen wird, tragen die nächsten männlichen Angehörigen den mit einer grünen Stoffdecke bedeckten Sarg zur Moschee und von dort zum Friedhof. Bei der Zeremonie wird der Sarg nicht mitbestattet und kann daher mehrmals verwendet werden. Frauen bleiben dem Begräbnis meist fern. Später können sie die Gräber jedoch besuchen, besonders am Ende des Fastenmonats, das zugleich als eine Art Totengedenktag begangen wird.

Exzessive, ritualisierte Trauer lehnt der Islam ab; auch Trauerkleidung, abgesehen von speziellen Witwenkopftüchern mancher Regionen. Üblich sind jedoch ein Mahl im Haus des Toten und Kondolenzbesuche (Formel: *„başın sağ olsun"*, „Beileid!"). Häufig wird vierzig Tage später ein *mevlût* gelesen, hymnische Gedichte zur Geburt des Propheten.

Einäscherungen gibt es nicht. Die Toten und der gesamte sie umgebende Friedhof *(mezarlık)* sind bis zur Wiedervereinigung der Seelen mit den Leibern gelassenem Verfall preisgegeben. Je nach Region mit Pappeln oder Zypressen bestanden, die Gräber oft von Schwertlilien – Iris, Göttin des Regenbogens, verbindet Himmel und Erde – bedeckt, bilden die Friedhöfe manchmal die letzten Grünflächen um die alten Stadtkerne, da man sie weder einebnen noch neu belegen darf.

Prachtvolle Mausoleen (↗Architektur), durch Gitter angedeutete Sarkophage, Einzel- oder Familiengräber sind nur Äußerlichkeiten, die auf das Ritual selbst keinen Einfluß haben.

Stelen aus osmanischer Zeit tragen entweder steinerne Nachbildungen der Kopfbedeckung des Verstorbenen, die auf dessen sozialen Rang verweisen, Blumenornamente bei Frauen oder Stammeszeichen (Widder etc.; bei Toten nichtorthodoxer Glaubensrichtungen). Todesdaten gehen häufig von der Hedschra, Mohammeds Auswanderung nach Medina (622), aus.

Inschriften sind nicht selten, heiter und nachdenklich im Wechsel, niemals düster. Ganz bewußt können sie auch an Spaziergänger auf den Friedhöfen gerichtet sein, an denen niemand Anstoß nimmt. Sie sollten es lediglich vermeiden, auf die Gräber zu treten.

▬▬ Begrüßung und Verabschiedung

„Selâmaleyküm!" ist der Friedensgruß der Muslime. Man antwortet darauf mit: *„aleykümselâm"*. Dies ist in breiten Schichten der Bevölkerung noch immer am gebräuchlichsten. Im Sinne Atatürks westlich orientierte, zumeist städtische Türken ziehen *„merhaba"* als Gruß vor. Allerdings scheint *„selâmaleyküm"* wieder auf dem Vormarsch zu sein; Anhängern islamischer Erneuerungsbewegungen ist es zugleich ein politisches Bekenntnis.

Auf dem Land grüßen auch Fremde einander, im Vorübergehen die Rechte auf dem Herzen, ansonsten mit Handschlag. Dieser ist vom Westen übernommen und hauptsächlich unter Männern gebräuchlich. Die Hand länger festzuhalten gilt als ein Zeichen von Herzlichkeit.

Zur förmlichen Begrüßung unter Bekannten und Verwandten gehört der beidseitige Wangenkuß, der heute zwar auch zwischen Frauen und Männern möglich ist, den Tradition und islamische Sittsamkeit jedoch nicht vorsehen. So sollte jeder im Zweifelsfall beim anderen Geschlecht auf Wangenküsse wie auch auf den Händedruck verzichten. Auffällig ist die große Herzlichkeit unter Frauen. Sie küssen sich die Wangen eher öfter als seltener und sparen nicht mit Umarmungen (↗Höflichkeitsformen).

Rangunterschiede innerhalb von Familie und Gesellschaft werden zum Ausdruck gebracht: Die Hand des Höhergestellten wird geküßt und mit der Stirn berührt. Dies kann aus Traditionsbewußtsein (die Hand des Ehemanns), Respekt (die des Älteren) oder Unterordnung (die des Vorgesetzten) geschehen. Analog dazu enden traditionell auch Briefe. Der Jüngere schließt mit dem Kuß der Hände *(ellerinizden öperim)*, der Ranghöhere mit dem der Augen *(gözlerinizden öperim)*.

Die Abschiedsworte dessen, der geht, reichen von „Gott befohlen" *(„Allaha ısmarladık")* bis zum saloppen „Tschüs" *(„hoşça kal")*; wer zurückbleibt, erwidert für gewöhnlich „gehe lachend" *(„güle güle")*. Tritt jemand eine längere Reise an, ist es Brauch, etwas Wasser zu verschütten und zu sagen: *„su gibi git, su gibi gel!"* („gehe dahin wie Wasser und kehre wie Wasser zurück!").

Behörden

Französisch inspiriert ist das System a) staatlicher Zentralverwaltung und b) autonomer lokaler Verwaltungseinheiten, die indes unter Staatsaufsicht stehen.

a) Über jede der 75 Provinzen *(il)* herrscht ein von der Regierung eingesetzter Präfekt *(vali)* mit gewissen Eigenbefugnissen (Ernennungen, Sicherheitsfragen etc.). Keine juristische Eigenständigkeit besitzen: Unterprovinzen *(ilçe)* unter Leitung von Landräten *(kaymakam)* und Verwaltungsausschüssen *(yönetim kurulu)*; Kreise *(bucak)* unter Leitung von Vorstehern *(bucak müdürü)*, Räten *(bucak meclisi)* und Kommissionen.

b) Die dezentralisierte Verwaltung gliedert sich in fünf Bereiche: 1) Berufsorganisationen (Kammern); 2) Kultur (Rundfunk, Fernsehen, Universitäten etc.); öffentliche Unternehmen (gewisse Banken, Bahn, die Fluggesellschaft THY, die Post PTT etc.); 4) ↗Sozialversicherungsanstalten; 5) Lokalverwaltungen: Dorf- oder Stadtviertelvorstand *(muhtar)*, Dorfältestenrat *(ihtiyar heyeti)*, Bürgermeister *(belediye reisi)*. Ältestenrat und Bürgermeister werden durch unabhängige Wahlen bestimmt.

Bereits vom 15. Jahrhundert an begann sich im Osmani-schen Reich durch Gesetzgebungswerke und Zentralisierung ein Berufsbeamtentum herauszubilden. Von dieser uralten Struktur, vor allem von einer zuweilen unentwirrbar verästelten Bürokra-tie, ist noch viel zu spüren. Wer in irgendeiner Weise mit Behör-den zu tun bekommt, wird sehr viel Geduld benötigen. Sie in Anspruch zu nehmen sollte daher der letzte Schritt sein, zumal Eingaben zuweilen ein nervtötendes Eigenleben entwickeln. Tür-ken lösen zwar jedes Problem am liebsten pragmatisch. Klappt das aber nicht, empfehlen sich dem Antragsteller Gespür für Hierar-chie (↗Höflichkeitsformen) – und für Beziehungen *(torpil)*. Eilige Anliegen also trägt er im Idealfall nicht etwa der zuständigen, son-dern einer höheren Instanz vor (↗Bestechung).

Beleidigungen

Ehre und sozialer Status sind den Türken heilig. Wer beider be-raubt ist durch sein aus Sicht der Gesellschaft fehlerhaftes Verhal-ten, sinkt auf eine gefährliche Stufe hinab, auf der Beleidigungen eigentlich gar nicht mehr möglich sind. Er ist auf reine Mensch-lichkeit angewiesen oder wird, auch durch Prügel, ‚erzogen'. Die öffentliche Vorführung von Häftlingen in Handschellen gehört in diesen pädagogischen Zusammenhang.

Um so schlimmer, beleidigender also, wenn Ehre und Rang ganz bewußt angetastet werden. Ehrlos *(namussuz, şerefsiz)* ist, wer betrügerisch, lügnerisch und unmoralisch *(ahlâksız)* handelt. Ver-stöße gegen die Sexualmoral gehören zu den bösesten Verfehlun-gen überhaupt, und die Schimpfwörter, die am meisten verletzen, spielen darauf an. Der „Sohn eines Esels" *(eşoğlu eşek)* ist ver-gleichsweise harmlos; „Zuhälter" oder „Hurenkind" sind Schläge ins Gesicht. Radikale Sunniten verwenden deshalb eine der Be-zeichnungen für Aleviten (↗Religion) als Synonym für Blut-schande. Jemanden direkt so zu beschimpfen ist allerdings die Ausnahme; geschieht es doch, fliegen die Fäuste. Das äußerste ist in der Regel der Vorwurf der Ehrlosigkeit als solcher, häufig ver-bunden mit einem Appell an die muslimischen Prinzipien. Dies findet weit eher den Beifall der Öffentlichkeit, rüde Verstöße gegen die ↗Höflichkeitsformen machen den Ankläger dagegen selbst unglaubwürdig.

Wer dem anderen die kleinen protokollarischen Ehren ver-weigert (↗Namen, Begrüßung), auf die jener Anspruch hätte, be-leidigt ebenfalls. In Gesellschaft und Politik ergeben sich dadurch natürlich viele Möglichkeiten. Über Formfehler von Ausländern (etwa Verhalten gegenüber Frauen; ↗Gastfreundschaft, Höflich-keitsformen) wird tolerant hinweggesehen, auch wenn sie die Be-teiligten manchmal in große Verlegenheit stürzen.

▬▬ Beschwerden und Reklamationen

Grundsätzlich gilt, Beschwerden niemals polternd vorzubringen (↗Beleidigungen, Höflichkeitsformen). Die Touristenbüros *(turizm bürosu, danışma)* können oft weiterhelfen (↗Behörden, Krimina-lität).

▬▬ Bestechung

Sie beim Namen *(rüşvet)* zu nennen, wird nach außen vermieden. *Bahşiş* (Gabe) ist höflicher und rückt den Vorgang in die Nähe einer regulären Dienstleistung. Zu geben hat feudale Tradition. Der Sultan erwartete von seinen Untertanen nach jeder Ernen-nung oder Belehnung ein Geschenk. In einer durch und durch hierarchischen Gesellschaft wie der türkischen holte man sich sei-ne Auslagen eine Stufe tiefer natürlich wieder, was besonders in Krisenzeiten zu einer katastrophalen Käuflichkeit sämtlicher Lei-stungen bzw. Rechtlosigkeit der Mittellosen führte.

Obwohl der moderne Verfassungsstaat Geschenk und Ver-günstigung durch Recht und Anspruch ersetzt hat, bestehen Armut und Hierarchie fort. Üblich und oft nötig ist es daher, ein-ander vorbeugend wohltätig mit allerlei Aufmerksamkeiten zu bedenken, um im Bedarfsfall Unterstützung zu finden. Die Armut führt dazu, daß ein Heer kleiner und mittlerer Beamter angesichts karger Gehälter auf das eine oder andere *bahşiş* oft gar nicht ver-zichten kann (↗Import).

Dies trifft ganz besonders auf den Wächter *(bekçi)* abseits gelegener touristischer Sehenswürdigkeiten zu. Wer ihn gewin-nen möchte, der verzichte nach der Bezahlung auf seine Eintritts-karte – so läßt sie sich ein zweitesmal verkaufen. Überhaupt ist das beiläufig-absichtslose Geschenk *(hediye)* hilfreich, sei es die Schachtel Zigaretten für den Polizisten oder die Flasche Whisky für den Chef des Gendarmeriepostens – will man z.B. in der Nähe zelten (↗Höflichkeitsformen).

Die gastfreundliche Haltung dem Fremden gegenüber je-denfalls erspart diesem im allgemeinen manches, während gerade ärmere Türken bei Verkehrskontrollen (↗Polizeikontrollen), Be-hördengängen (↗Behörden), besonders aber im Gesundheitswe-sen (etwa bei der Beschleunigung von Operationsterminen) mit-unter kräftig zur Kasse gebeten werden.

▇▇▇ Betteln

Eine der fünf Grundpflichten der Muslime ist Almosengeben (↗Riten). Der Glaube, menschliches Schicksal liege in Gottes Hand, so manches Elend sei also nicht selbst verschuldet, setzte früher ganze Heerscharen von Bettelderwischen ins Brot, und gerade in der Umgebung von Moscheen und Heiligen Stätten können wirklich Bedürftige noch immer mit Gaben rechnen.

Wer sich allerdings einfach nur gehen läßt, erregt Abscheu. *„Allah versin"* („möge Gott dir doch geben") lautet die rüde Abfuhr; denn der eigene Existenzkampf wird von den meisten als so hart empfunden, daß ihnen Betteln *(dilencilik)* durch Armut allein nicht gerechtfertigt erscheint. Dafür wird dann aber auch jede noch so geringe Aktivität bereitwillig durch ein *bahşiş* honoriert. Wer auf dem Bürgersteig eine Personenwaage aufstellt, wer per Trillerpfeife Autos in Parklücken einweist, wer im Verkehrsstau Scheiben wäscht oder Blumensträuße verkauft, hält sich an die Regeln. Das gilt auch für den selbsternannten Touristenführer. Erhebt er am Schluß Anspruch auf *bahşiş*, hat er ein Recht darauf, auch wenn er vorher tausend Mal versicherte, daß Geld keine Rolle spiele.

Auf Betrüger, Simulanten oder Schnorrer, die es wie überall gibt, auf die Zigeunerin mit dem für krank erklärten Säugling oder den Verhärmten, der mit mehrsprachig vorbereitetem Text seine Notlage schildert, fallen dagegen nur Touristen oder Einfaltspinsel herein (↗Kriminalität).

Betteln als Folgeerscheinung des Tourismus kommt hauptsächlich in den bitterarmen Dörfern des Ostens vor. Spendierfreudige Reisebusinsassen fühlen sich so manches Mal von den, gelinde gesagt, wenig geduckten Kindern überfordert. Die nämlich stellen ihre Forderungen nach Süßigkeiten *(„o.k. Bonbon")* oder Geld *(„para")* sehr direkt. Je irritierter der Ausländer reagiert, je panischer er sich freizukaufen versucht, desto größer der Spaß. Dabei kann sich auch hier Respekt nur erwerben, wer nicht anonym verteilt, sondern zwischen Geschenk und Beschenktem einen Zusammenhang herzustellen vermag.

▇▇▇ Bevölkerung

Kaum eine Region der Welt hat so viele Völker kommen und gehen sehen wie Anatolien und seine Randgebiete (↗Geschichte). Stämme zentralasiatischer ↗Türken strömten erst seit dem 11. Jahrhundert ins Land. Seither haben sie sich mit der einheimischen Bevölkerung gänzlich vermischt, vermochten aber ihr

Erbe in vielem zu bewahren. Sogenannte osmanische Türken leben noch in Bulgarien (Zigtausend emigrierten allerdings wegen Repressalien in jüngerer Zeit), Griechenland, dem übrigen Balkan und in einigen arabischen Staaten.

In den Syrien benachbarten türkischen Provinzen gibt es rund 500 000 Araber. Im kaukasischen Grenzgebiet haben sich bei etwa 150 000 Menschen Dialekte des Georgischen (z. B. Lasisch) gehalten. Arabisch und Georgisch jedoch werden vom Staat nicht gefördert; zudem sind beide Bevölkerungsgruppen Muslime, so daß die hinsichtlich der nationalen Identität weit fortgeschrittene Assimilation in Zukunft wohl auch sprachlich erfolgen wird. Unter den bald 60 Mio. Staatsbürgern befinden sich ca. 60 000 spanische Juden, rund 50 000 Griechen, 40 000–70 000 Armenier und wohl 10–15 Mio. Kurden (⤳Minderheiten).

Im Landesdurchschnitt wächst die Bevölkerung jährlich um rund 2,5%. D.h., daß sie sich seit der ersten Volkszählung 1927 (13,65 Mio.) bald verfünffacht haben wird. Bei zurückgehender Säuglingssterblichkeit (1965: ca. 18%; jetzt gegen 11%) und steigender Lebenserwartung (1965: ca. 55 Jahre; jetzt bei 60–65) ist der Anteil derer unter 15 (40–45%) etwa zweieinhalb Mal höher als in Deutschland; dagegen ist der Anteil derer über 65 (ca. 5%) in der BRD drei Mal so hoch.

Im Osten gelten grundsätzlich ungünstigere Zahlen. Auch die Besiedlung (Hakkari 1985: 19 Einw./km^2) ist deutlich dünner als im Westen (Istanbul 1985: 1045 Einw./km^2) oder an den Küsten.

Bildung

Mit dem Selbstvertrauen des Islam sind verstärkt auch die Koranschulen zurückgekehrt. Wer darin den Koran lesen und hersagen lernt, kann deswegen allerdings noch nicht Arabisch. Die Rezitation der Suren, so die Lehrer *(hoca)*, ermögliche eine unmittelbare Nähe zu Gott, da aus dem Original unverfälscht seine Stimme spreche.

In solchen Kursen sowie weiterführenden Schulen *(medrese)* für begabte Knaben erschöpften sich früher die Möglichkeiten der einfachen Leute. Atatürk sah sich entsprechend fast 90% Analphabeten gegenüber. So führte er auch als eine seiner ersten Maßnahmen eine kostenlose Schulpflicht für Jungen und Mädchen ein, der sie, gegen die sozialen Unterschiede einheitlich schwarz gekleidet, zunächst für fünf, jetzt für acht Jahre nachkommen sollten. Die Hinwendung zum Westen unterstrich nicht

nur die Reform der Schrift (↗Sprache); die bisherigen Fremd-
sprachen Arabisch und Persisch wurden durch Englisch, Französisch und Deutsch ersetzt. Ein dem Westen nachempfundenes
System aus Grund-, Haupt- und Mittelschulen, aus Gymnasien
und Universitäten sollte Bildung – auch im Islam ein Ideal – endlich für alle verwirklichen (↗Frauen). *Bir lisan – bir insan!* (eine
Sprache – ein Mensch!): Jede gelernte Sprache, so die Überzeu-
gung, erschließe ein zusätzliches Leben.

Ernüchterung ist eingetreten. Zwar dürften rund drei Viertel der Menschen in der Türkei heute lesen und schreiben können, das Gefälle zwischen Stadt und Land, West und Ost blieb
indes gewaltig. Schlechte Ausbildung und Bezahlung untergraben
den einstigen Idealismus der Lehrer. Dorfschulen – ein Zehntel
der Dörfer sind ohne – bestehen oft nur aus einem Raum für alle
Klassen, Vorschulen oder Kindergärten fehlen. Wer in eine wei-
terführende Schule möchte, muß in die Stadt und damit außer für
teure Lehrmittel auch noch das Geld für Unterkunft und Verpflegung aufbringen. Einem Viertel der Dorfkinder nur kann die Familie dies bieten. Immerhin: drei Viertel der Stadtkinder bekommen die Chance, viele von ihnen erst durch Begabtenstipendien
des Staates.

Trotzdem – die finanziellen Möglichkeiten des Staates halten mit dem Wachstum der Bevölkerung nirgends Schritt. Von
den 16–18jährigen besucht noch ein Drittel eine Schule, von den
19–22jährigen etwas mehr als ein Zehntel. Weil in nur 18 der
75 Provinzen Universitäten zur Verfügung stehen, erhält nur jeder vierte Studierwillige einen Platz.

Die Steigerung des Bildungsetats in den letzten Jahren
(1987: 3% der Staatsausgaben; 1990: 13%) hat aber noch einen
anderen Grund. Für seine ehrgeizigen Wirtschaftspläne (↗Wirt-
schaft) benötigt der Staat vor allem Arbeitskräfte mit mittlerer
Qualifikation. Zwangsläufig investiert er große Summen in neue
Berufsausbildungssysteme (↗Entwicklungshilfe).

Eine Besonderheit der letzten Jahre sind die Schulen für
Rückkehrerkinder. Ausstattung, nicht selten darüber hinaus die
Lehrer selbst (↗Job), kommen aus Deutschland; Unterrichtsstoff,
vor allem auch die geforderte Disziplin und Fahnenappelle am
Wochenanfang sind jedoch türkisch.

Der Abschluß an einer solchen Schule ist mit einigem Pre-
stige verbunden. Vermögende Familien schicken ihre Kinder auf
ebenso teure wie traditionsreiche fremdsprachliche Gymnasien
und Universitäten.

Blumen

Schon früh lehnten einflußreiche islamische Lehrmeinungen figürliche Abbildungen ab, um die Möglichkeit heidnischer Götzendarstellung zu unterbinden (↗Kunst). So spielten Blumen als Symbole eine umso wichtigere Rolle, sei es als Rose, die für Mohammed steht, sei es auf den geblümten Kacheln von Gebetsnischen *(mihrap)*, die eine Ahnung des Paradieses vermitteln.

Die Schwertlilien auf Friedhöfen sind eine Anleihe bei den Griechen: Iris, der Regenbogen, bildet die Brücke zwischen Himmel und Erde. Auf Grabsteinen findet man Rosenknospen, wenn die Verstorbene noch unverheiratet war.

Tulpen wiederum erinnern an die zentralasiatischen Steppen, Heimat der Vorfahren. Sie bilden ein Hauptmotiv in der Kunst seit fünf Jahrhunderten, ebenso wie Nelken, Hyazinthen, Lilien, Weintrauben, Artischocken und Zypressen.

Blumensträuße als offizielle Geschenke sind unüblich, bei Wöchnerinnen sogar tabu, da Pocken als Blumenkrankheit bezeichnet werden. Schnittblumen, meist von Zigeunerinnen angeboten, kaufen fast nur verwestlichte Städter.

Da entspricht es den eigenen Traditionen schon eher, eine einzelne Blüte spazierenzutragen und immer wieder daran zu riechen: ein Mann kann das genauso tun wie Frauen. Blumendüfte sind nun einmal paradiesisch. Deshalb führen die Devotionalienhändler vor den Moscheen auch Essenzen; deshalb sind einige Spritzer Eau de Cologne – bei jedem Willkommen, jeder Verabschiedung – mehr als nur Erfrischung.

Wildblumen, dem überraschten Ausländer von Dorfkindern gebracht, sind in der Regel nichts weiter als eine liebenswürdige Geste. Erst im Osten, in den ärmsten Gebieten, kann eine Bettelabsicht damit verbunden sein.

Bräuche

Stellt man im Bereich der Ägäis für jede unverheiratete Tochter eine leere Flasche aufs Hausdach, so wird das nur dort verstanden. Die Anzahl rein lokaler Bräuche, die keine oder lose Verbindung zum Islam haben, ist unüberschaubar. Einheitlichkeit gibt es nur in Fragen der Religion und der Umgangsformen. D.h., ein paar Spritzer Eau de Cologne bei der etwas förmlichen Begrüßung oder das Glas Tee bei jedem noch so nichtigen Anlaß gehören überall dazu. Ebenso üblich sind Schlachtopfer, z.B. wenn die Gräben für das Neubaufundament ausgehoben sind. Der Bezug zum Islam wirkt hier etwas konstruiert. Umgekehrt kann sich eine ursprünglich rein religiöse Übung verselbständigen: das Spiel mit der Gebetskette *(tespih)* – in Islam, Christentum und Buddhismus bekannt – ist fast der ganzen männlichen Bevölkerung zu unreflektierter Gewohnheit geworden. Meistens ist man sich des Zusammenhangs jedoch sehr bewußt: Bei Aufklebern mit Segenssprüchen *(maşallah)*; bei Devotionalien wie den Hölzchen zum rituellen Zähneputzen; bei der ‚Sure der Ameise‘, die sich der Handwerker, Gottes Schutz erflehend, in den Laden hängt (↗Kunst).

Besonders reich ist das Brauchtum natürlich bei ↗Familienfeiern und während des Fastenmonats: Am Abend gibt es spezielle Fladenbrote *(ramazan pidesi)*; Sonnenaufgang und Sonnenuntergang begleiten Kanonenschüsse; durch die nächtlichen Straßen ziehen Trommler und verkünden die Mahlzeiten; besondere Speisen werden gereicht, so *güllaç*, eine Süßspeise am Ende des ersten Essens *(iftar)*; und vieles mehr.

Ebenfalls nicht zuletzt durch den Islam begünstigt ist die Symbolik, die sich mit manchen Stickereien und eingestrickten vielfarbig-phantasievollen Mustern in Wollsocken verbindet. Gefühle zu äußern, ging nicht an, so haben Mädchen und Frauen zu ihren Geliebten und Männern oft durch derartig verschlüsselte Geschenke gesprochen.

Auch aus republikanischer Zeit stammt ein Brauch: das alljährliche Hupkonzert und Sirengeheul kurz nach 9 Uhr am 10. November. Um diese Zeit war im Jahre 1938 Atatürk gestorben.

▰▰▰ Dank

Höflichkeit erschöpft sich nicht in Liebenswürdigkeit; feststehende Wendungen und gewisse Rituale sind untrennbar damit verbunden. So auch in den verschiedenen Situationen des Dankens: Am üblichsten, zugleich förmlichsten ist *„teşekkür ederim“*; es paßt eigentlich immer und zieht automatisch *„bir şey değil“* („bitte sehr“) nach sich. Nur wenn sich jemand überschwenglich bedankt, z. B. für eine Hilfeleistung, heißt es im Gegenzug *„estağfurullah“* („keine Ursache“).

Ein wärmeres, persönlicheres Dankeschön ist *„sağ ol“* („sei gesund“); ein frömmeres *„Allah senden razı olsun“* („vergelt's Gott“). Bettler, aber auch Verkäufer nach Erhalt ihres Geldes sagen *„bereket versin“* („möge es Segen bringen“).

Sich für ein Geschenk mit Handschlag zu bedanken ist eher unüblich. Weist man gar etwas zurück, wird gleichzeitig als höfliche Geste des Bedauerns die rechte Hand aufs Herz gelegt.

Drogen

Klassisch sind Tabak (seit 1605) und Kaffee (seit 1555). Verboten wurden sie zeitweilig, um – so die Furcht mancher argwöhnischer Sultane – eventuellen verschwörerischen Zusammenkünften in den Hinterzimmern der überall im Osmanischen Reich entstehenden Kaffeehäuser Anlaß und Vorwand zu entziehen. Heute hat Tee aus türkischem Anbau den kostspieligen importierten Kaffee als Muß jeder Geselligkeit verdrängt.

Unbedingt besaß der osmanische Türke seine *çubuk*, die lange Pfeife, möglichst aus Weichselkirschrohr. Ihr Nachfolger ist das stets präsente Päckchen Zigaretten. Die Wasserpfeife *(nargile)* wird nur noch in wenigen Kaffeehäusern oder Teegärten der westtürkischen Großstädte geschmaucht. Frauen übrigens rauchen nicht öffentlich. Wo doch, signalisiert es den Anspruch auf Emanzipation.

Rauschgift als Tabakersatz spielte nie eine große Rolle. Allerdings entwickelte es sich zuweilen zu einem durchaus nennenswerten Wirtschaftsfaktor. Die Stadt Afyon (= Opium) profitiert besonders seit der Entdeckung des Morphins im 19. Jahrhundert von riesigen Mohnfeldern; schon 1814 wurden rund 20 t jährlich geerntet. Die neuere politische Brisanz durch den internationalen Rauschgifthandel führte nach kurzem Verbot zwar zu einer Fortsetzung des Anbaus, nun aber unter staatlicher Kontrolle. Bedeutsam ist die heutige Türkei als illegaler Umschlagplatz vor allem von Drogen aus dem Mittleren und Fernen Osten. Mit Haschisch oder Heroin kommt man nur im entsprechenden Großstadtmilieu in Berührung. Wer sich als Ausländer darauf einläßt, muß mit zahlreichen Spitzeln und äußerst harter Strafverfolgung rechnen.

Alkohol *(içki)* hat durch christliche und nichtsunnitische (➚Religion) Bevölkerungsgruppen stets eine wichtige Rolle gespielt. Neben *rakı* und Bier wird vor allem Wein immer beliebter. Trotzdem hat ihn der Islam aus der Öffentlichkeit bis heute verbannt. Auf der Straße zu trinken ist indiskutabel, betrunkenes *(sarhoş)* Gebaren verpönt.

Wie auch beim Tabak sichert sich der Staat die Gewinne aus dem Umsatz alkoholischer Getränke durch Steuern und Monopolisierung. Entsprechend bezeichnete Läden *(tekel)* übernehmen den Verkauf, eigens lizenzierte Lokale den Ausschank. Je nach religiöser Gestimmtheit und politischer Opportunität der Verantwortlichen kann die Vergabe der Lizenzen jedoch gegen Null tendieren (Dörfer, Umgebung von Schulen oder Moscheen).

Die Verbreitung des Kaffees im Osmanischen Reich

Aus dem 15. Jahrhundert besitzen wir erste gesicherte Kenntnisse über die Existenz mehrerer Kaffeehäuser in Aden. Schon bald danach war der Kaffeegenuß auch in Mekka bekannt, wo man aber nicht die Bohnen, sondern einen Aufguß aus den Schalen der Kaffeekirsche verwendete. Im Jahre 1536 erfolgte die erste Eroberung des Jemen durch die Osmanen. Zu dieser Zeit war der Kaffee bereits bis Kairo vorgedrungen, wohl ebenfalls durch die Vermittlung jemenitischer Sufis. Interessant ist nun, daß überall da, wo sich der Kaffeegenuß durchsetzte, teilweise die weltliche, vor allem aber die geistliche Obrigkeit alle Mittel gegen diese Neuerung aufbot. Im Jahre 1511 erfolgte das erste Verbot in Mekka, 1532/33 in Kairo. Die Gründe für die Schließung der Kaffeehäuser blieben in den folgenden Jahrhunderten stets die gleichen. Man glaubte in den Kaffeehäusern Orte der Verschwörung und der Sittenlosigkeit auszumachen, womit man in gewisser Beziehung zweifellos recht hatte. Daneben waren es die Mediziner – damals oft nur bessere Quacksalber –, die vor den schädlichen Wirkungen des neuen Getränkes warnten. Sie erklärten, daß der Kaffee die Tätigkeit des Gehirns nachhaltig stören könne; ebenso verglichen sie seine physiologische Wirkung mit der des Weins. Schwer wog auch der Verdacht, daß der Kaffeegenuß den Männern ihre Stärke nehmen könnte. Doch kein Verbot und keine religiöse Spitzfindigkeit konnte den Siegeszug des Kaffees aufhalten. Über Ägypten und Syrien erreichte das schwarze Getränk schließlich die Hauptstadt des osmanischen Reiches. Früheste Nachrichten datieren aus der Regierungszeit von Sultan Süleyman I. (1520–1566). Die ersten Kaffeehäuser (Kahwekhane) wurden 1554 von einem Halebiner [Haleb, d. h. Aleppo] und einem Damaszener in Konstantinopel eröffnet. Schon bald nannte man die Kaffeeschenke scherzhaft „Schulen der Erkenntnis", denn ein illustres Publikum – Kaufleute, Beamte, Gelehrte, Derwische und gewiß auch die „Intellektuellen" der damaligen Zeit – führte in der intimen Atmosphäre der oft prächtig ausgestatteten Räume tiefschürfende Diskussionen über Staat und Gesellschaft. Der ungeheure Zulauf, den die Kaffeehäuser in kurzer Zeit verzeichneten, brachte die islamische Geistlichkeit gegen diese neuartige Einrichtung auf, war doch der Besuch der Moscheen merklich zurückgegangen. Die religiösen Autoritäten argumentierten, daß es eine größere Sünde sei, in ein Kaffeehaus zu gehen, als eine Weinstube aufzusuchen. Die Muftis [Gelehrte in religiösen Rechtsfragen] gaben ein Gutachten her-

aus, in dem sie erklärten, daß der Kaffee mit Kohle gleichzusetzen sei und deshalb nicht getrunken werden dürfe. Andererseits hatten gerade die Großwezire wenig Interesse an einem Verbot des Kaffees, verdienten sie doch an jeder ausgeschenkten Tasse – in Form von Steuern – einen nicht unerheblichen Betrag. Dennoch verfügte der asketische Sultan Murad IV. (1623–40) im Jahre 1633 ein totales Kaffeeverbot. Die Kaffeehäuser wurden niedergerissen und wahrscheinlich Zehntausende von Kaffeetrinkern getötet. Ebenso verbot der Sultan das Tabakrauchen und den Genuß von Opium und Haschisch. Vor der Einführung des Tabaks wurde Haschisch gegessen, dann in der Wasserpfeife geraucht. Opium löste man in Kaffee auf. Der Genuß harter Drogen in den Kaffeehäusern scheint im Orient allgemein üblich gewesen zu sein.

Trotz aller Anfeindungen setzte sich die Sitte des Kaffeetrinkens und die Kaffeehauskultur nach den spezifischen Regeln jeder Neuerung durch. Zuerst von einem relativ kleinen Teil der Oberschicht aufgenommen, fand der Kaffee allmählich den Weg durch die verschiedenen Gesellschaftsklassen. So nannte man das Trinkgeld, mit dem man einen Armen für eine kleine Dienstleistung entlohnte, Kahwe-bakschis. *Auch in den Frauengemächern spielte der Kaffee eine wichtige Rolle. Das Ausbleiben der regelmäßigen Kaffeesendungen an den Harem konnte als Scheidungsgrund vor dem Kadi angeführt werden. In den vornehmen Haushalten stellte man Bedienstete (*Kahwehgi*) ein, die nur eine Aufgabe zu erfüllen hatten, nämlich stets frischen Kaffee zu bereiten. In den großen Harems gab es zahlreiche Kaffeediener, die von sogenannten Kaffeevorständen (*Kahwehgi-Baschi*) befehligt wurden. Eine Art Kaffeezeremoniell entwickelte sich auch am Hofe der osmanischen Herrscher. Der Botschafter eines auswärtigen Landes, der bei der Audienz an der Hohen Pforte keinen Kaffee angeboten bekam, konnte dies dahingehend interpretieren, daß die osmanische Regierung nichts Gutes gegen sein Land im Schilde führte.*

Aus: Wolfgang Stein, „Coffea Arabica – Kaffee aus dem Jemen", in: Peter W. Schienerl (Hrsg.), „Diplomaten und Wesire".

Einkaufen und Handeln

Die (heute oftmals gebrochene) Tradition gelassenen Handelns auf dem Basar ist alt. Im Rahmen des islamischen Gesetzes war die osmanische Wirtschaft prinzipiell frei, so auch der Preis. Zwar kontrollierte ein staatlicher Marktaufseher Maße, Gewichte, Qualität und schritt bei Wucher oder gezielter Verknappung des Angebots ein, Höchstpreise jedoch gab es nur ausnahmsweise, z.B. bei Hungersnot. Feilschen *(pazarlık)* war alltägliches Marktregulativ. Dabei geht es keineswegs in erster Linie um eine Münze mehr, eine weniger. Gemeint ist vielmehr das gekonnt geführte Gespräch selbst: das Aushandeln eines Wertes als geistvoll taktisches Spiel. Nur so stellen Händler und Kunde jene Brücke her, ohne die der Handel belanglos bleibt, vielleicht Übervorteilung bedeutet – oder gar nicht zustandekommt.

An die Stelle der Aufseher sind blauuniformierte Ordnungsbeamte *(belediye zabıtası)* getreten. Sie tauchen auf, wo geschummelt werden kann (➚Märkte). Auch in der Türkei hat das Zeitalter der Festpreise längst begonnen; tägliche Bedarfsgüter oder Fertigwaren werden meist ausgezeichnet. Innerlich hat sich jedoch noch keiner von der wahrhaft eingefleischten Gewohnheit des Feilschens getrennt. Ware will geprüft, Obst angefaßt, dieses und jenes gekostet sein. Für Dienstleistungen, für die Waren illegaler Straßenhändler und Schmuggler, etwa in den Grenzstädten, und dann natürlich überall dort, wo die Hersteller ihr Produkt selbst vertreiben (Handwerker, Viehmärkte etc.), gelten sowieso noch die alten Gesetze.

Und im Tourismus? – da erst recht! Die Händler in den Touristenzentren wissen gut, daß ein Teil ihrer Kunden das Preisgespräch sucht (weshalb man flexibel bleibt), ein Teil aber ohne weiteres zahlt (weswegen der Festpreis ebenfalls schlau sein kann). Es gilt, sich nicht weismachen zu lassen, der Preis müsse so, könne nicht anders sein (➚Handwerk). Er kann. Und es gilt, charmant den eigenen Argumenten Gewicht zu verleihen. Der Staat jedenfalls läßt Händlern freie Hand; je mehr sie verdienen, desto höher sein Steueranteil. Manche Waren (armenischer Silberschmuck, nicht-türkische Kilims und Teppiche) sind ohnehin geschmuggelt.

Teppichhändler haben die Kunst des Mitleiderregens fraglos am höchsten entwickelt, besonders die aus Kayseri. (Es heißt, einer aus Kayseri sei imstande, seine eigene Mutter zu schminken und auf dem Heiratsmarkt noch einmal als Jungfrau zu verkaufen!) Ihre Schlepper sind äußerst raffiniert, ihre Visitenkarten („Keine Provision an den Reiseleiter – Nachlaß direkt an den Kunden!") liebenswert verlogen. Trotzdem, niemand sollte sich dadurch von einem Besuch der Läden abhalten lassen. Man kann Tee trinken, schwatzen, sich alles zeigen lassen, ohne irgendeine Verpflichtung einzugehen.

Wer dabei ein schlechtes Gewissen hat, ist selber schuld. Der Teppichhändler hat keines!

Einkommensverhältnisse

Kein Land der OECD (Organization for Economic Cooperation and Development) ist ärmer als die Türkei. 1988 lag das jährliche Pro-Kopf-Einkommen bei 1307 US-$ (in der alten BRD rund 15mal höher).

Mit Abstand am besten wird in der Privatwirtschaft verdient; so liegt der durchschnittliche monatliche Direktlohn eines Industriearbeiters zwischen 800 und 1000 DM (✒Arbeitsleben). Auch er hat jedoch mit einem ständigen Rückgang seines Realeinkommens zu fechten. Sein frei ausgehandelter Tarifvertrag läuft über zwei Jahre, nur daß eben die zugrundeliegenden Inflationsprognosen fast nie mit der Wirklichkeit übereinstimmen. Profitieren kann er allenfalls manchmal von freiwilligen Teuerungszuschlägen seines Arbeitgebers sowie sogenannten Inflationsanpassungsklauseln.

Für Beschäftigte im öffentlichen Bereich schaut es, zumindest finanziell, bereits weniger gut aus. Selbst absolute Spitzenverdiener, z.B. ein Admiral, erreichen mit ca. 1800 DM kaum das Gehalt eines Ingenieurs in der freien Wirtschaft. Ein Leutnant oder kleinere Beamte im öffentlichen Dienst kommen auf 600 bis 800 DM. Dabei ist in den Großstädten eine moderne Drei-Zimmer-Wohnung kaum unter 400 DM zu bekommen. Von dem, was übrigbleibt, kann eine Familie eigentlich schon nicht mehr leben. Die Folge sind Nebenbeschäftigungen und ein Anwachsen der Korruption (✒Armut). Sozialversicherung, die Aussicht auf preisgünstige Sozialwohnungen *(lojman)* und Zulagen, z.B. für Diensteinsätze im Osten, sorgen dennoch für eine gewisse Sicherheit. Die Mehrheit der Bevölkerung kann davon nur träumen. Vergünstigungen gibt es für sie keine. Die Monatslöhne in Kleingewerbe oder Landwirtschaft orientieren sich am gesetzlichen Mindestlohn, liegen also in jedem Fall unter 200 DM. Familienangehörige arbeiten ohnehin umsonst. Lange galt dies auch für die Bäuerinnen hinter den heimischen Webstühlen. Stücke, an denen sie oft monatelang saßen, wurden von privat aufgekauft und mit riesigen Gewinnen an Touristen weiterverkauft. Hier haben Teppichkooperativen vereinzelt zu erheblichen Verbesserungen geführt.

Ende der 70er Jahre war das Angebot an Waren vergleichsweise gering, die Kaufkraft der Lira aber erheblich höher als heute. Was sich damals noch viele leisten konnten – Fleisch, Reisen im Inland, auch Kinobesuche, weil die Preisbindung noch nicht aufgehoben war –, ist zum Privileg einer Minderheit geworden.

■■■ Entwicklungshilfe

Sie setzte ein im Rahmen des Marshall-Planes nach Kriegsende. In großem Stil wurden Sumpfgebiete in landwirtschaftliche Nutzflächen umgewandelt, viele Vollnomaden dadurch aber ihrer Winterweiden beraubt (↗Klima).

Um das Land fest in den Westen einzubinden, flossen amerikanische Gelder recht großzügig. Neben Darlehen und Schenkungen (1948–59: ca. 700 Mio. US-$) erhielt die Türkei vor allem Militärhilfe; 1952, drei Jahre vor der BRD, war sie der NATO beigetreten. Es war zugleich auch die Zeit großer Veruntreuungsskandale, die mit der Hinrichtung des Ministerpräsidenten Menderes (1961; mittlerweile rehabilitiert) ihren Höhepunkt erreichte.

Mit Beginn der 60er Jahre wird die Weltbank führender Kapitalgeber (Nettoleistungen 1960–87: 4,1 Mrd. US-$). Als wichtige nichtwestliche Organisation kommt seit ihrer Gründung im Oktober 1975 die Islamische Entwicklungsbank hinzu, die Ölgelder an bedürftige Bruderländer weiterleitet. Hauptsächlich saudisches Geld ist es auch, mit dem unter der Hand Zahlungen an islamische Organisationen – z. B. für Publikationen, aber auch für Mekkareisen Mitteloser sowie staatliche Beamte (↗Religion) – erfolgen.

Die Entwicklungszusammenarbeit mit Deutschland geschieht auf öffentlicher wie privater Ebene. Das privatwirtschaftlich derzeit bedeutendste Projekt ist die „Koordinierungsstelle zur Förderung der Reintegration ausländischer Mitarbeiter GmbH" (KFR). Bundesregierung und die deutsche Wirtschaft unterstützen den Aufbau eines Ausbildungssystems nach deutschem Muster. Über die KFR spenden Unternehmen Maschinen, Kraftfahrzeuge (gebrauchte LKWs, Busse), Werkzeuge und Ausrüstungsgegenstände für Lehrwerkstätten.

Bei der öffentlichen Finanzhilfe geht das meiste in den Energiesektor (Staudämme, Wärme- und Wasserkraftwerke), in das Verkehrs- und Nachrichtenwesen. Bei der technischen Zusammenarbeit überwiegen – neben Berufsausbildung – Land- und Forstwirtschaft, Kleinindustrie und Bergbau (Stein- und Braunkohle).

Umweltschützer verhinderten 1988 ein Projekt aus der Tourismusförderung. Ohne ihr Eingreifen, das weltweites Echo fand, wäre ein Hotelkomplex an einem der Plätze entstanden, die die „Caretta Caretta", eine vom Aussterben bedrohte Meeresschildkröte, zur Eiablage aufsucht.

Essen und Trinken

Der berühmteste Schlemmer des Altertums, Lucullus, erwarb seinen Ruhm in Anatolien. Was für die Kultur des Mittelmeerraums galt, galt für die Küche: Anatolien vereinigte in sich den Reichtum der gesamten Region. Und diese Vielfalt an Obst und Gemüse, an Fisch und Fleisch, an Milchprodukten und Süßspeisen ist kennzeichnend bis heute.

Ist Schmalhans Küchenmeister, entwickeln sich entsprechende Nationalgerichte: selbstgemachter Joghurt, hauchdünnes, dunkles Fladenbrot und *bulgur*, Weizenschrot, aus dem eine Art Pilav zubereitet wird. Darüber hinaus verteilen sich teils tageszeitgebundene Gerichte über eine Vielfalt von Lokalen:

Frühstücken kann man schon bei Sonnenaufgang; entweder in Suppenküchen *(işkembeci)* oder im *kahvaltı salonu*. Eierspeisen gibt es sowie Butter, Honig, Käse, Oliven, Gurken, Tomaten; zu trinken Tee oder heiße Milch mit Zucker. Manchmal öffnen auch Konditoreien so früh; als Extras führen sie salzige Pasteten *(börek)*. Etwas später ist Einlaß beim vornehmeren *muhallebici*. Seine Spezialitäten sind Milchspeisen und Hühnergerichte.

Für den Hunger dazwischen sorgen Verkäufer von Sesamkringeln *(simit)*, schwimmende, rollende Gar- und Grillküchen oder die *büfe*, Imbisse mit Joghurtgetränken *(ayran)*, frisch gepreßten Obstsäften und Toasts.

Mittags und gegen 18 Uhr füllen sich der *kebap salonu*, in dem Grillfleisch angeboten wird, und der *pide salonu* – hier gibt's gefüllte, im Ofen gebackene Brotteigtaschen – sowie die *lokanta*. In der *lokanta*, einer Art Cafeteria, ist das Essen dann am frischesten. Es überwiegt *sulu yemek* (Essen mit Soße): Gemüsegerichte, Kochfleisch, Eintöpfe. In allen drei Lokaltypen sind Alkoholverbot und ein gesonderter *aile*-Bereich (für Frauen und Familien) sehr wahrscheinlich.

Vornehmer, damit auch teurer geht es im *restoran* zu bzw. im *gazino*. Gibt es Fisch oder Vorspeisen *(meze)*, wird meistens auch Alkohol ausgeschenkt. In diesem Fall verschiebt sich das Abendbrot um zwei bis drei Stunden; in Provinzstädten treten hier auch Musiker und Sängerinnen auf.

Alkohol in Verbindung mit Knabbereien *(leblebi)* und kleinen Gerichten findet man in Tavernen *(meyhane)* und Bierschenken *(birahane)*. Reine Bars sucht man vergeblich, außer in Hotels westlichen Zuschnitts. Der Trinkspruch: *„şerefe!"* bedeutet „auf die Ehre!"

Zu allen Mahlzeiten gehören Unmengen frischen Weiß-
brots. Brot und versiegeltes Trinkwasser – das vorzuziehen ist –
werden pauschal berechnet.

Reis, Nudeln oder Kartoffeln gelten nicht als Beilagen; wer
nichts sagt, bekommt sie erst nach dem Hauptgericht serviert. Als
Nachspeise ist geschältes Obst ebenso beliebt wie Süßes (etwa
baklava, honiggetränkte, nußgefüllte Blätterteigkuchen). Den Abschluß bilden dann Kaffee oder Tee – nicht selten eine Spende des
Hauses.

Daß jeder für sich bezahlt, ist unüblich. Jüngere Leute, die
teilen möchten, einigen sich später. Ausländische Gäste eines Türken haben sowieso keine Chance. Wenn doch, sollten sie ca. 10%
Trinkgeld für den – im Abräumen oft ärgerlich fixen – Kellner
nicht vergessen. Die Eile wird ihm leider eingetrichtert.

„Afiyet olsun!" („wohl bekomm's!") heißt es übrigens erst
am Ende der Mahlzeit. Es ist auch die Erwiderung des Gastgebers
auf Lob und Dank seiner Gäste.

Export

Bis 1980 machten landwirtschaftliche Erzeugnisse mehr als die
Hälfte aus. Damals wie heute waren Haselnüsse, Tabak, Baum-
wolle, Getreide, Trockenfrüchte, Frischobst und -gemüse sowie
Schlachtvieh die bedeutendsten Exporterzeugnisse. Infolge des
Wandels der achtziger Jahre (↗Wirtschaft) ist der Exportanteil der
Landwirtschaft jedoch allmählich unter 20% gesunken. Zersplit-
terung von Nutzflächen und ↗Armut vieler Bauern stehen der
Produktivität trotz großer Modernisierungsanstrengungen im
Wege. Spektakuläre Ertragssteigerungen verspricht man sich vom
südostanatolischen Bewässerungsprojekt GAP *(Güneydoğu Anadolu
Projesi)*. Hier sollen bis zur Jahrtausendwende 1,6 Mio. ha vor al-
lem für den Anbau von Reis, Baumwolle, Mais und Zuckerrüben
gewonnen werden (↗Umwelt).

Daß sich der Gesamtexport in den achtziger Jahren fast ver-
fünffachen konnte, geht auf Industriewaren, im wesentlichen auf
die Textil-, Leder- und Bekleidungsindustrie sowie eine um das
Vierzigfache gestiegene Eisen- und Stahlausfuhr zurück.

Die reichen, teils nur vermuteten Bodenschätze des Landes – Öl, Kohle, Chrom, Kupfer, Borax (rund drei Viertel der Welt-
reserven), Thorium, Bauxit oder Silber – versprechen erst für die
Zukunft große Möglichkeiten. Fast ein Monopol besteht bei Meer-
schaum; das Öl von Amberbäumen wird an die ausländische
Parfüm- und Pharmaindustrie verkauft.

Know-how-Exporte gehen hauptsächlich in arabische Länder. Neben Ägypten stellt dort die Türkei die meisten Techniker und Ingenieure, insbesondere für große Bauvorhaben. Generell sind die Nachbarn Iran und Irak die klassischen Abnehmer türkischer Waren. Negativ beeinflussen daher Zahlungsprobleme von OPEC-Mitgliedern oder exportlähmende Krisen am Golf – bei ja keineswegs sinkendem technologischem Importbedarf – die Zahlungsbilanz, so daß man sich dem Westen, vor allem der EG zuwendet. Deutschland (dessen Exportvolumen etwa dreißigmal höher ist) steht jetzt an der Spitze der Abnehmer. Neue Märkte sind in den USA und in Japan im Entstehen. Das östliche Europa wiederum schätzt zunehmend die günstigen Konditionen türkischer Bauunternehmer.

Familie

Verheiratung gegen den Willen des Mädchens ist selten geworden; dagegen nicht Vermittlung möglicher Ehepartner durch die Familie. Ein Mutter-Tochter-Komplott mit dem Ziel der Liebesheirat (↗Frauen) geht schon mal bis zur fingierten Entführung: Ist das Mädchen entehrt, kann der Vater seine Zustimmung nicht länger verweigern. Der Schachzug läßt familiären Konfliktstoff ahnen. Das islamische Eherecht ist seit Einführung des Schweizer Zivilrechts 1926 außer Kraft. Zwar sind damit Polygamie und Höherwertigkeit des Mannes (Koran 2.228) juristisch aufgehoben, den Alltag aber bestimmt doch so manche tradierte Denkfigur. Demnach haben Väter, älteste Söhne oder männliche Verwandte bei Geschäften und Kontakten nach außen – also auch Verheiratungen und Ausbildung sowie in Fragen der Ehre (↗Beleidigungen) – das Sagen. Familieninternes regeln Frauen unter sich: Haushalt, Erziehung, Altenpflege. Unangefochten steht die Schwiegermutter dabei an der Spitze.

Das staatliche Sozialsystem ist völlig unzureichend. Nicht zuletzt deshalb bleibt der familiäre Zusammenhalt bestehen, obwohl wirtschaftliche Umwälzungen die Großfamilien allmählich auflösen (1960 noch 10–30 Pers./Fam.; heute 5–6). Ihr Schutz wie auch Begünstigung und gegenseitige Hilfe unter teils weit verzweigten Sippen haben jedoch Kehrseiten. Jeder muß in seiner persönlichen Entfaltung (Beruf, Sexualität) den Ansprüchen, Forderungen, besonders solchen der Ehre der Familie, bis hin zur Bevormundung Rechnung tragen. Bei den Kurden und Lasen existiert sogar noch die Blutrache.

In traditionsbestimmten Milieus Zentral- und Ostanatoliens muß noch ein teils beträchtlicher Brautpreis *(başlık)* bezahlt werden. Um den Einfluß der Sippe zu stärken, sind nicht nur viele Kinder, sondern auch Ehen zwischen Vettern und Cousinen erwünscht. Kinderlosigkeit und großer Reichtum eröffnen auch heute manchem Mann die Möglichkeit, sich eine eigentlich illegale Zweitfrau (⌕Heirat) zu nehmen. Die erste büßt dadurch zwar an Rang ein, ihre wirtschaftlichen und sozialen Rechte bleiben indes unangetastet, wodurch sie eventuell besseren Schutz genießt als eine geschiedene Frau. Scheidungen sind jedoch äußerst selten; dazu werden zu viele Ehen auf rein wirtschaftlicher Grundlage geschlossen.

Verhütungsmittel sind preiswert und überall erhältlich, Geburtenkontrolle ist auch Anliegen des Staates. Entschieden wird die Frage der Verhütung aus der konkreten Lebenssituation heraus; der Islam ist hier pragmatischer als der Vatikan. Schwangerschaftsabbrüche sind per Indikation erlaubt, etwa nach einer Vergewaltigung oder aus medizinischen Gründen. Den sehr niedrigen offiziellen Zahlen steht jedoch eine hohe Dunkelziffer an illegalen Abtreibungen gegenüber; Furcht vor Schande (⌕Sexualität) läßt unverheirateten Frauen oft keine andere Wahl. Mit verantwortlich ist wohl das Fehlen einer vernünftigen Sexualaufklärung; sie erfolgt weder zu Hause noch in der Schule. Erst kurz vor der Hochzeit können sich Braut und Bräutigam jedoch an dazu ausersehene weibliche *(yenge)* und männliche *(sağdıç)* Vertrauenspersonen wenden.

◼ Familienfeiern

Wichtigste Anlässe sind Hochzeiten (⌕Heirat), daneben Beschneidung und Geburt. Allerdings wird der jährliche Geburtstag nicht gefeiert. Aus Kostengründen (⌕Medizin) bringen die meisten Türkinnen ihre Kinder nach Möglichkeit zu Hause zur Welt. Weit verbreitet sind Tieropfer (Art und Zahl eine Frage der Mittel; meistens Hammel) bei Jungen, bei Mädchen das Pflanzen von Bäumen. Am dritten Tag, häufig in Verbindung mit Koranrezitationen, erhält das Kind seinen Namen. Jetzt werden auch Besucher vorgelassen. Sie bringen kleine Geschenke wie Geld fürs Kind und Süßigkeiten für die Wöchnerin. Man trinkt glückverheißende Limonade *(loğusa)*, und keiner versäumt es, „*maşallah!*" zu rufen und den Segen Gottes zu beschwören. Wegen der Bedrohung durch den ‚bösen Blick' sollen Mutter und Kind das Haus vierzig Tage lang nicht verlassen.

Die Beschneidung *(sünnet)*, Zeichen der Aufnahme in die Gemeinschaft der Männer, findet irgendwann vor der Pubertät statt. Obgleich vom Koran nicht ausdrücklich verlangt, gilt sie als unverzichtbar mit der Begründung, alle Propheten (auch Jesus) seien beschnitten zur Welt gekommen.

Da es in der Regel ein sehr aufwendiges Fest ist, richten es mittellose Familien gerne für alle Söhne gleichzeitig aus. Manchmal organisieren Firmen oder der Rote Halbmond (Rotes Kreuz der islamischen Welt) deswegen regelrechte Massensünnets.

Schon Stunden vor der eigentlichen Beschneidung wird der Junge feierlich umhergeführt. Je nach Gesinnung der Eltern erscheint er bürgerlich-westlich im Anzug, martialisch in Uniform oder traditionsverliebt als kleiner Prinz. Zu Hause tauscht er das Festgewand gegen ein weißes Leinenhemd ein. Den Eingriff nimmt der *sünnetçi* vor, ein dem Sanitäter vergleichbarer Berufsstand, der an die Stelle des klassischen Baders getreten ist. Betäubungen sind eher unüblich; der Junge soll sich und der Familie seinen Mut beweisen. Beim anschließenden Fest wird er durch Geschenke, nach Aufwand und Wert Konfirmationsgaben vergleichbar, für den Schmerz entschädigt.

Ein unserem Taufpaten nachempfundener *kirve* (von griech.: kyrie – Herr), der den Jungen während der Beschneidung festhält, tritt entsprechend nur in Regionen mit einst christlichem Bevölkerungsanteil auf.

▬ Farben

Blau *(mavi)* – magische Farbe des anatolischen Kulturraums seit je – ist d i e Farbe zur Abwehr des ‚bösen Blicks' (↗Aberglaube) und rahmt deshalb manchmal Türen und Fenster ein.

Der Hennastrauch *(kına)* liefert glückverheißendes Rot; bedeutsam bei Hochzeit oder Geburt, wird es auch zum Färben von Haupt- und Barthaar, Pferdeschweif- und -mähne oder Tierfellen – vor allem beim Opfer – verwendet.

Grün *(yeşil)*, Farbe des Propheten, gehört zu allem, was mit dem Islam zu tun hat. Im Privatbereich mögen grün angestrichene Türzargen auf eine *hac*, eine Pilgerfahrt nach Mekka, oder etwa grüne Vorhänge auf einen Todesfall in der Familie verweisen.

Weiß schließlich steht für Reinheit und wird für das Beschneidungshemd und das Totentuch verwendet.

Die Vorliebe fast aller Frauen für möglichst bunte Kleider oder Wohnungseinrichtungen läßt sich leicht nachvollziehen: Farben im häuslichen Innenbereich spiegeln die Buntheit jener

Welt draußen, von der Frauen so oft ausgeschlossen waren und in der sie sich nur unter abweisend schwarzen oder grauen Überwürfen bewegen durften, das Haupt bedeckt mit dem *başörtüsü*, dem unter dem Kinn verknoteten Kopftuch, wie es insbesondere die traditionsorientierte – auch städtische – Muslimin heute noch trägt (↗Kleidung).

Henna hat übrigens noch eine andere Bedeutung. Gerade die Bäuerin schätzt es als Pflegemittel für Hände und Füße; beim Haarefärben (mehrstündiges Einwirken) schreibt sie ihm zudem eine gewisse Heilwirkung, etwa bei Kopfschmerzen, zu.

▰ Feiertage

Während der *kandil*-Nächte sind Moscheen und Minarette beleuchtet. Es sind dies vier über das Jahr verteilte heilige Feste, die im Islamischen Kalender an wichtige Ereignisse wie die Geburt des Propheten oder seine Himmelfahrt erinnern. Der zeremonielle Aufwand ist hier allerdings gering; Nachbarn beschenken sich manchmal mit selbstgemachten Süßspeisen.

Ganz anders Zucker- *(şeker bayramı)* und Opferfest *(kurban bayramı)*. In der Türkei tut man gut daran, alle Einkäufe, Buchungen etc. vorher zu erledigen, denn während dieser in ihrer Bedeutung Weihnachten oder Ostern vergleichbaren Feiertage widmet sich jeder nur seiner Familie.

Das Zuckerfest beschließt den *ramazan* (↗Riten, Bräuche), der mit dem Mondjahr alle Jahreszeiten durchwandert. In der Nacht vor dem 27. Tag *(kadir gecesi)* des Fastens begehen die Gläubigen in den Moscheen Mohammeds Berufung zum Propheten. Nach einem weiteren Tag der Vorbereitung macht man Besuche (↗Beerdigung), beschenkt einander mit Naschwerk und gibt sich im Rahmen des rituellen Almosengebens so spendabel wie möglich.

Das viertägige Opferfest greift eine Begebenheit aus dem Alten Testament auf: Abraham opfert statt seines Sohnes einen Hammel. Muslime sehen in diesem Sohn nicht Isaak, sondern Ismail, den Stammvater der Araber.

Unter den weltlichen Feiertagen ist der wichtigste die Gründung der Republik am 29. Oktober *(cumhuriyet bayramı)*.

Am 19. Mai *(gençlik bayramı)* erinnert die Jugend durch Sportveranstaltungen an den Beginn des Befreiungskrieges 1919 (↗Atatürk).

Am 23. April *(çocuk bayramı)* haben nur die Grundschulen frei. Folkloristische Paraden von Kindern, auch unter Beteiligung ausländischer Gruppen, feiern dann die Gründung des ersten türkischen Parlaments.

Der endgültige Sieg über die Griechen am 30. August 1922 ist Anlaß zum *zafer bayramı*. Wie auch am *cumhuriyet bayramı* braucht niemand zur Arbeit zu gehen. Der *zafer* ist der Tag, an dem in der Armee die Beförderungen bekanntgegeben werden.

Am 1. Januar sind Banken, Büros und viele Geschäfte geschlossen. Grußformel bei sämtlichen Feiertagen ist: *„iyi bayramlar!"*

Das Opferfest

Zwei Monate und zehn Tage nach dem Zuckerfest feiern die Gläubigen das zweite große religiöse Fest, das Opferfest. *Seine Ursprünge reichen zurück in die vorislamische Zeit. Es wird im Gedenken an* Abraham *begangen, der Gottes Opferbefehl nachzukommen bereit war und seinen Sohn* Ismael *in gläubigem Gehorsam töten wollte.*

Wer in Armut oder Schulden steckt, ist von der Auflage des Schlachtopfers dispensiert. Zur Opfergabe aufgerufen sind alle Muslimen, die sich den Tribut leisten können. Als Opfertiere kommen Schafe, Rinder oder Kamele in Frage. Am Kauf oder der Bereitstellung von großen Tieren beteiligen sich bis zu sieben Familien. Jedoch werden Schafe bevorzugt. Schon Wochen vor dem Feiertagen treiben Händler ihre Herden stadtwärts, wo die Lämmer auf Märkten angeboten werden. Auswahl und Kauf sind Sache des Familienvorstands. Taxis mit offenen Kofferräumen, aus denen zusammengebundene Lämmerbeine ragen, sind in diesen Tagen keine Seltenheit.

Zur Freude der Kinder wird das Tier im Garten oder Hof des Hauses noch einige Tage gemästet. Man streicht ihm Henna zwischen die Hörner und knüpft bunte Bänder in seine Wolle. An den Vortagen zum Fest beginnt im Haus wieder die großreinigende Emsigkeit. Menschen wie Heimstatt werden mit reichlich Wasser genetzt, die guten Kleider bereitgelegt.

Am Morgen des ersten Feiertags stehen alt und jung sehr früh auf und schlüpfen in die Festgewänder. Zur Zeit des heraufdämmernden Tages schreiten alle Männer zur Moschee, um am Festtagsgebet teilzunehmen. Die Frauen richten inzwischen Schüsseln und Kessel, Schneidebretter und Messer; denn kaum sind nach der Rückkehr der Männer die Glückwünsche ausgesprochen, haben die Jüngeren den Älteren die Hand geküßt, versammelt sich die Familie vor dem Haus oder dem Garten, um dem Opfer-

*ritual beizuwohnen. In den Städten gehen zwar beim Morgen-
grauen Schlächter durch die Straßen und bieten laut rufend ihre
Dienste an. Im allgemeinen beherrscht aber ein Familienmitglied
diese Fertigkeit.*

*Vor dem Durchschneiden des Halses flüstert der Mann, der das
Messer führt, das* Besmele *(„Im Namen Gottes, des Gnädigen,
des Barmherzigen") und sagte dem Tier weiter ins Ohr: „Die
Brücke zum Jenseits, dünn wie ein Faden und scharf wie ein
Schwert, werden wir gemeinsam überschreiten."*

*Während des Ausblutens – der Islam erlaubt nur die Tötungs-
weise des Schächtens – halten alle Familienmitglieder die Hand
über das Tier, um solchermaßen ihren Anteil an der Zeremonie
zu bekräftigen. (…)*

*Nach dem Häuten wird das Fleisch in drei Teile zerlegt. Das erste
Drittel wird durch sieben geteilt und sieben Nachbarn entboten.
Das zweite Drittel gebührt den Armen. Je nach Anzahl der
Bedürftigen zerkleinert man die Fleischteile und schickt sie
Menschen in Bedrängnis ins Haus. Für manche Familie ist es
die einzige Möglichkeit, sich einmal im Jahr mit Fleisch zu
sättigen.*

*Das letzte Drittel endlich darf die Familie selbst verzehren. Pein-
lich achtet man darauf, daß korrekt vorgegangen wird, auch
dann, wenn es sich um einen kopfreichen Verband handelt; denn
sollten die Opfernden mehr als den erlaubten dritten Teil für sich
beanspruchen, so gälte das als Sünde vor Gott.*

*Die Frauen drehen sich in Wichtigkeit in ihren Küchen, hantie-
ren mit Töpfen und Tiegeln und sondern die einzelnen Fleisch-
brocken für bestimmte Speisen aus, für Gesottenes, Gebratenes
oder Gegrilltes. Die Männer besuchen derweil reihum ältere und
höhergestellte Verwandte und Bekannte und wünschen ein geseg-
netes Fest. Am Abend laden ältere Menschen die jüngeren zum
Festessen ein. Meist wird dabei in angeregter Runde bereits das
gesamte Opfer verschmaust. An den darauffolgenden Tagen besuchen die Älteren die Jüngeren. Ihnen wird jedoch kein Fleisch-
gericht mehr angeboten; man labt sie mit den üblichen Süßigkeiten.*

Aus: Sigrid Weiner, „Maschallah. Islam und Alltag in der Türkei".

FKK/Nacktbaden

Nacktbaden – Kindern, vor allem im Osten, nachgesehen –
gilt unter Erwachsenen als striktes Tabu. Selbst im Schwitzbad
(↗Hamam) bleibt die Scham bedeckt.

Bäuerinnen können meistens nicht schwimmen. Wollen sie sich im Wasser erfrischen, tun sie das angekleidet (↗Moralkodex), oft an separaten, Männern verbotenen Uferstellen, an denen zugleich Wäsche gewaschen wird.

„Oben ohne" oder gar FKK verletzen nicht nur religiöses und sittliches Gefühl, sondern verstoßen gegen geltendes Recht und können zu Verhaftung führen. Wer dennoch darauf besteht: rein touristische Anlagen – und nur sie – bieten den einzig möglichen Rahmen.

Aufforderungen durch vermeintlich moderne türkische Männer, die Hüllen fallenzulassen oder in ein gemischtes Schwitzbad zu gehen, sind allenfalls voyeuristische, aber wohl ungefährliche Anbandel-Versuche.

▄▄▄▄Fotografieren

Auf der einen Seite die Kinder, vor allem auf dem Land: wie wild bitten sie um ein Foto, drängen sich heran, schreiben ihre Adresse auf. Dann die, im besten Sinne des Wortes, Kind gebliebenen Erwachsenen: im Grunde wollen sie dasselbe, nur förmlicher, steifer, erwachsener eben; ein Foto, ein Zeichen der Freundschaft, einen Anlaß zu weiteren Kontakten, Briefen...

Schließlich Touristen: ihr Antrieb bleibt rätselhaft, manchmal, scheint's, ihnen selbst. Zurückhaltung kennt der Fotograf zumeist keine – allenfalls Betretenheit, fühlt er sich ertappt. Dabei ist es einfach: Schicklichkeit und Respekt, mehr wird nicht verlangt (↗Tabus), – aber auch nicht weniger. Als Mann eine konservative Sunnitin anzusprechen, schickt sich nicht, erst recht nicht, sie zu fotografieren. Ihre Ehre läuft über ihren Mann; die seine ist mit der seiner Frau untrennbar verbunden. Kann man nicht zweifelsfrei unbemerkt fotografieren, so stellt man den Kontakt zum Mann her und fotografiert beide oder läßt es sein. Sonst stürzt es nur alle in Verlegenheit.

Frauen untereinander sind weniger zimperlich. Am liebsten ist es natürlich auch ihnen, daß das Fotografieren nur Mittel zum Zweck sei, Brücke zu einem Kontakt. Hier liegt überhaupt der Schlüsssel. Bestehen Verbindungen, wird fast jede Aufnahme möglich, selbst die des netten Polizisten. Takt freilich verbietet das Fotografieren Betender, zumal beim Zeremoniell in der Moschee. Der Innenraum als solcher jedoch darf fotografiert werden. Eine kleine Spende in die Kasse am Eingang, und der Aufseher wird einen noch wohlwollender gewähren lassen.

Das einzige gesetzliche Verbot betrifft militärische Einrichtungen aller Art. Dazu gehören letztlich auch Grenzgebiete, manche Regierungsgebäude und Polizeiwachen *(karakol)*. Erwischt werden kann Film und Ausrüstung kosten, schlimmstenfalls Verhaftung und Gerichtsverfahren bedeuten.

Übrigens: Wer bei einem türkischen Fotografen ein Porträt von sich anfertigen läßt, wird sich meist nicht wiedererkennen.

Frauen

In Haus und Hof, ihrer traditionellen Domäne, bewegen sich Frauen sehr selbstsicher, Männer treten dort häufig mit ähnlichem Unbehagen auf wie Frauen wiederum in deren Welt, der Öffentlichkeit (↗Frauen allein unterwegs, Kleidung), ein weiterer Verweis auf jene unsichtbare, für die islamische Gesellschaft typische Trennlinie zwischen den Geschlechtern.

Mit ihrem Ehemann – nicht so sehr Partner in unserem Sinne, vielmehr Ernährer und Vater der Kinder – hat die Türkin vergleichsweise wenig zu tun, stattdessen lebt sie eng zusammen mit den Frauen und Kindern der Verwandt- und Nachbarschaft, weshalb sie Geborgenheit und Freundschaften auch hauptsächlich innerhalb dieses Kreises findet. Entsprechend hart trifft es Frauen von ↗Gastarbeitern, die im Ausland plötzlich ohne ihr vertrautes Milieu auskommen müssen.

Durch ihre Rolle als Hausfrauen und Mütter (im Westen und Schwarzmeergebiet leisten Frauen zudem die meiste Feldarbeit) sind ihre Bildungschancen geringer. Fehlt es an Geld, werden Söhne begünstigt; für diese besteht außerdem die Möglichkeit, Lesen und Schreiben beim Militär zu lernen. Analphabeten (↗Bildung) sind deswegen vor allem Frauen, und unter diesen Kurdinnen, da sie dem Unterricht, sofern sie überhaupt je eine Schule besuchen, mangels türkischer Sprachpraxis nicht folgen können.

Prinzipiell wird Frauen eine höhere Schulbildung jedoch nicht verwehrt, im Gegenteil. Selbst strenggläubige Familien schicken ihre Töchter auf Universitäten, wo immer es die finanziellen Möglichkeiten erlauben (schon 1928 machten Mädchen ein Drittel aller Schulgänger aus). Bei Geisteswissenschaftlern und Medizinern, bei Juristen und Lehrern ist der Frauenanteil deswegen hoch. Eine Frau, die erst einmal so weit gekommen ist, hat dann kaum Mühe, sich gesellschaftlich und beruflich zu behaupten (↗Kultur); selbst politische Karrieren stehen ihr offen: So konnte 1993 die Wirtschaftsprofessorin Tansu Çiller Regierungschefin werden. Was zum Teil auch für das nichtsunnitische bäuerliche Milieu gilt (↗Religion), trifft erst recht auf weite Kreise der Mittel- und Oberschicht zu. Weibliches Selbstbewußtsein wird hier keineswegs als ausschließlich aus dem Westen eingeführte Neuerung empfunden. Als Vorbild kann Türkinnen, die heute Entscheidungsfreiheit zu gewinnen suchen, durchaus auch wieder eine Gestalt aus der eigenen Kulturgeschichte dienen: die selbstsichere asiatische Nomadin. Schon die Überlieferungen des Dede Korkut (↗Literatur) schildern sie als eine den Männern ebenbürtige Frau, und noch bis ins 15. Jahrhundert stellen arabische Reisende in Anatolien mit Erstaunen und Abscheu fest, wie wenig schicklich sich die Türkin im Vergleich zur Araberin doch verhalte. In selçukischer wie osmanischer Zeit besaß auch der Harem erhebliche Macht. Die Frauen und Mütter der Sultane waren an politischen Entscheidungen oft maßgeblich beteiligt; Prinzessinnen, hatten sie osmanisches Blut in den Adern, waren nicht-osmanischen Ehegatten statusgemäß überlegen und konnten sich leichter scheiden lassen als umgekehrt – wenngleich ihnen die osmanische Etikette ihren Männern gegenüber Demut und Zurückhaltung abverlangte.

Übrigens sei an dieser Stelle erwähnt, daß Etikette und korrekter Umgangsstil auch in der heutigen Türkei gerade etwa für die Beziehung zwischen den Geschlechtern eine weitaus höhere Bedeutung haben, als dies mittlerweile in den meisten europäischen Ländern der Fall ist (↗Höflichkeitsformen).

▨ Frauen allein unterwegs

Alljährlich zur Reisezeit berichten Boulevardzeitungen in großem Stil und reich bebildert über den Liebeshunger der Touristinnen. Die willkommene Irritation, die dies bei nicht wenigen türkischen Männern bewirkt, hat ihre Ursachen in einem tiefen Gegensatz zwischen fest verankerten Vorstellungen von Ehrbarkeit und dem so ganz anders gearteten Auftreten von Ausländerinnen. Der Umgang mit Frauen in der Öffentlichkeit ist vielen so unvertraut, zudem eigentlich unmoralisch, daß sich die geweckten Erwartungen eher verstohlen als offen Luft machen. Nicht wie unter Latinos wird gejohlt und gepfiffen, sondern eher gestarrt oder beiläufig Körperberührung gesucht. Bester Schutz ist die Einbeziehung der Öffentlichkeit. Flüche und Ohrfeigen schicken sich nicht, stärken zudem womöglich die Position des Übeltäters. Ihn in sittsamer Empörung bloßzustellen, ist weit wirksamer (↗Beleidigungen, Moralkodex).

Grundsätzlich sollten sich Frauen am Verhalten auch moderner Türkinnen ein Beispiel nehmen. Je konservativer die Um-

Als Werkstatt des Kupferschmieds
dient die Straße

Als Friseurladen genügt hier
der Koffer

Warten auf den nächsten Kunden –
einer der zahlreichen Schuhputzer

Im Basar wird die Rohwolle in
großen Ballen angeboten

gebung, desto mehr vermeiden sie es, allein unterwegs zu sein, nachts auf die Straße zu gehen, sich aufreizend zu kleiden, zu schminken oder die Blicke von Männern zu erwidern.

Möchte eine Frau ein Restaurant (↗Essen und Trinken), einen Teegarten oder ein Strandbad besuchen, begibt sie sich nur in den abgetrennten *aile*-Bereich. Es bedeutet „Familie" und ist dieser oder Frauen vorbehalten. Konditoreien sind von vornherein Familiendomänen. Bei Hotels kommen nur die staatlicherseits empfohlenen oder diejenigen der Gemeinden (↗Unterkunft) in Frage. Meist sind diesen auch Restaurants angeschlossen, in denen die Reisende vor Belästigungen sicher ist.

Im Überlandbus wird man eine alleinreisende Frau nie neben einen Mann setzen. Sollte es doch einmal geschehen, muß sie auf einem anderen Platz bestehen. Für Auskünfte jeder Art sollte sie sich nur an ↗Frauen halten. Herzlichkeit und Hilfsbereitschaft sind überwältigend. Durch Fragen setzt eine Frau den Mechanismus an Verantwortungsgefühl und Obhutbereitschaft in Gang, der ihre eigene Ehre zur Angelegenheit einer am Ort ansässigen Familie macht.

Freizeit

So wichtig er uns heute ist, so fremd ist der Begriff ursprünglich dem Türkischen. Arbeit und Muße sind nicht klar voneinander zu trennen. Anders als bei uns muß immer Zeit für eine Pause *(istirahat)* sein; umgekehrt braucht Ausruhen oder Feierabend *(paydos)* nicht unbedingt Nichtstun zu bedeuten. Die meisten Frauen greifen selbst beim Kaffee- (Tee-)klatsch zur Handarbeit; und die Männer, die überall die Teehäuser bevölkern, würden dies nie als reine Freizeitgestaltung betrachten. Ob sie nun wirklich nichts anderes zu tun haben oder erst am Abend ihr Stammteehaus aufsuchen, stets ist es ihnen auch Nachrichtenbörse und Arbeitsamt. Währenddessen wird viel gespielt: *tavla* (Backgammon) vor allem, aber auch Karten (z. B. *pişti*) und *okey*, eine Art Rommé mit Spielsteinen. Nicht mehr wegzudenken sind dröhnende Fernsehgeräte, besonders für die überaus beliebten Fußballübertragungen (↗Sport). Am Abend, sommers auch tagsüber in offenen Teegärten, laufen zumeist Seifenopern- oder Karatevideos.

Bleibt an den freien Sonntagen, eingeführt nach westlichem Vorbild – dem Muslim ist der Freitag heilig – Zeit für die Familie, dann wird sie am liebsten zu ausgedehnten Picknicks im Grünen genutzt. Lauschige Abgeschiedenheit wird dabei nicht gesucht; der eigene Kilim mit Gaskocher, Eßwaren und der ganzen

Sippschaft soll sich inmitten des geselligsten Getümmels befinden. Eigens dafür eingerichtete *piknikyeri* gibt es im ganzen Land, sogar hübsch gelegene Lokale, die einem das Grillen selbst überlassen *(kendin pişir, kendin ye)*.

Die städtischen Familien des Mittelstands, die sich während der Sommerferien von Juni bis September Urlaub *(tatil)* leisten können, verhalten sich im Grunde nicht anders. Bis auf den beruflich oft nur an Wochenenden abkömmlichen Familienvater zieht man in Ferienappartements am Meer – Bewohner der heißen Südküsten begeben sich ins kühle Gebirge –, wo Wohnen, Schlafen, Einkaufen und ↗Unterhaltung geräuschvoll und auf engstem Raum ineinanderfließen (↗Reisen der Einheimischen).

▬▬ Gastarbeiter

Seit Wegfall der innerdeutschen Grenze wird die Gesellschaft der Bundesrepublik in besonderem Maße bewegt von der Frage nach ihrem Verhältnis zu Ausländern – genauer: zu jenen, die aus politisch weniger stabilen, ökonomisch schwächeren Ländern stammen und ihre Zukunftshoffnungen mit Stabilität und Wirtschaftskraft Deutschlands verbinden. Auch die Hoffnungen vieler Türken wurden seit dem deutsch-türkischen Anwerbeabkommen 1961 in diese Richtung gelenkt: rund 1,6 Mio. leben heute hier. Als ‚Gastarbeiter‘ benötigt und gerufen, versprach und bietet ihre Arbeitskraft volkswirtschaftlichen Vorteil. Im Gegenzug sah der Gastarbeiter der ‚ersten Generation‘ die Möglichkeit, seine Familie, die er zurückließ, zu ernähren.

Erst die Arbeitswanderungen aus weniger entwickelten Regionen und Ländern wie der Türkei verhalfen den Industrienationen zu anhaltendem Wirtschaftswachstum. Ausländische Arbeitnehmer waren mobil, gewerkschaftlich nicht organisiert und bereit, die schlecht angesehenen, stark belastenden, gering entlohnten und unsicheren Arbeitsplätze in expandierenden Industrien und im Dienstleistungssektor zu übernehmen (Bergbau, Baugewerbe, Elektro-/Textilindustrie, Müllabfuhr, Reinigungsfirmen, Gastronomie, Krankenhäuser). Abgeschlossen wurden befristete Verträge. Der industrielle Bedarf an schubweise kommenden und wieder heimkehrenden Arbeitskräften entsprach den Wünschen der Gastarbeiter, die ihre Löhne sparten für Existenzgründungen zu Hause. Dort sollten sie erworbenes Wissen und Vermögen letztlich dem Aufbau der meist agrarischen Heimatprovinzen zugutekommen lassen (↗Wirtschaft). Kaum ein anatolischer Arbeiter im Ruhrpott und anderswo sah sich als Einwanderer; man identifizierte sich ungebrochen über die familiäre und regionale Herkunft. Doch die Entwicklung zwang viele umzudenken. Der Bedarf hielt an und bis Mitte der siebziger Jahre die Zuwanderung. Anwerbestopp war zwar 1974, als Folge der europaweiten Ölkrise. Doch nun traten Menschenhändler auf den Plan. Türken weiterhin für Deutschland zu interessieren fiel ihnen nicht schwer, hatten sich doch die politischen und wirtschaftlichen Verhältnisse in der Türkei eher verschlechtert. So wurde für nicht wenige aus dem befristet geplanten schließlich ein jahrzehntelanger Aufenthalt. Die neue Existenzform prägte Biographien und Familiengeschichten.

Mit all dem veränderte sich der Kontakt zur Heimat. Als *gurbetçi*, Menschen in der Fremde, waren viele Türken ihren alten Lebenszusammenhängen bald stärker entfremdet, als sie lange wahrhaben wollten. Zu Hause anfangs nur argwöhnisch bestaunt – immerhin lebten sie jetzt in einer als amoralisch verschrieenen Welt – riefen ihre Errungenschaften, zuweilen wohl auch ihr neureiches Auftreten, Neid oder gar Feindseligkeit hervor. So wurden sie plötzlich zu *almancı*, Deutschländern, und standen zwischen den Kulturen. Versuchten sie unternehmerisch wieder einzusteigen, waren sie, im türkischen Umfeld unsicher, meist glücklos, so daß immer mehr dazu übergingen, Ersparnisse in Appartementblocks (↗Armut) anzulegen: Mieteinkünfte erschienen weniger riskant.

In Deutschland langfristig in Betriebe eingebundene Männer hatten mittlerweile den Weg gewählt, ihre Ehefrauen und Kinder zu sich zu holen; gleichfalls viele Selbständige, die übrigens mit Firmengründungen (Reisebüros, Gastronomie, Reinigungsfirmen, Einzelhandel) auch für mehrere zehntausend Deutsche Arbeitsplätze geschaffen haben. Zu Beginn der neunziger Jahre sind drei Viertel der bis 15jährigen Kinder aus türkischen Familien in Deutschland geboren, aufgewachsen und eingeschult. Ihre Generation ist vielfältig hier – meist städtisch – mitgeprägt. Das oft bäuerliche Herkunftsmilieu (↗Gesellschaft) der Eltern oder Großeltern mit den streng muslimischen Wertvorstellungen und Rollenzuschreibungen (↗Frauen, Moralkodex) kann ihnen kaum noch wirklich Heimat sein. Selbst die Türkischkenntnisse sind häufig gering. Und auch die älteren Kinder Eingewanderter finden Freundeskreis und Ehepartner längst vor allem in Deutschland. Berufsausbildung oder Studium haben sie hier absolviert oder begonnen; mit der Türkei verbinden sie im wesentlichen Urlaubserinnerungen. Heute leben zwei Drittel selbst der Erwachsenen – mehr noch bei den Jugendlichen – lieber in Deutschland.

Rückkehr erscheint als Konzept daher problematisch, wäre doch damit kein Ansatz gewonnen zur Lösung jener Aufgaben, die die fortschreitende europäische Integration stellt. Nötig ist eher die grundsätzliche Bereitschaft, das gegenseitig förderliche Miteinanderleben von Teilkulturen verschiedener Herkunft auch innerhalb einer Gesellschaft zu ermöglichen. National gestimmter Schulterschluß – ob pauschal „Ausländern" oder speziell Türkinnen und Türken gegenüber – ist weder weiterführend noch wird er der konkreten Lage ehemals Eingewanderter und ihrer Nachkommen gerecht.

Vielerorts gibt es lebendige Formen wechselseitig bereichernden Umgangs zwischen Deutschen und Türken – etwa in einzelnen Stadtviertelkulturen der Großstädte. Doch sind Hindernisse nicht zu übersehen: z. B. das Maß, in dem islamisch-fundamentalistischer Extremismus – ein weltweites Phänomen – zum einzigen Halt und Orientierungspunkt geraten kann. Gerade ältere, gesellschaftlich eher isolierte Türken in Deutschland neigen ihm zu. Ein anderes ist die Kriminalitätsrate auch unter arbeitslosen Jugendlichen türkischer Abstammung, die auf deren Gefährdung durch ein Randgruppendasein verweist: 1981 endete der bis dahin legale Familiennachzug. Wer später kam, erhielt kaum noch eine Arbeitserlaubnis. Insgesamt freilich zeigen türkische Lebenswelten in Deutschland zahlreiche Facetten: Läden, Gaststätten und Kleinkunstbühnen, Dienstleistungsbetriebe, ein eigenständiges Musik- und literarisches Leben (Özay; Aras Ören, Güney Dal u. a.), Ableger heimischer Medien, Moscheen, Sportvereine... Woran es fehlt, ist eine aktive politische Kultur. Zwar wird gern und heftig diskutiert, gehen z. B. Kurden (↗Minderheiten) durchaus für ihre Belange auf die Straße, doch sind politische Äußerungen nach wie vor zumeist auf Probleme in der Türkei bezogen. Eine auch politische Bezugnahme auf Deutschland, gesellschaftliches Engagement – seit den siebziger Jahren etwa durch gewerkschaftliche Initiativen oder Ausländerbeiräte zum Ausdruck gebracht –, gelangten über Ansätze nicht hinaus.

Integration zu fordern ist eines; sie als beiderseitige Aufgabe und längerwährenden Prozeß zu begreifen und zu ermöglichen ein anderes. Einheimische wie auch eingewanderte Bürger und deren Nachkommen haben hier noch einen langen, aber lohnenden Weg vor sich.

▰▰▰ Gastfreundschaft

Der Fremde, auf einmal inmitten der Festgesellschaft; der Wanderer, vom erntenden Bauern gerufen; der Reisende unterwegs mit Bus oder Zug: jeder wird rasch willkommen geheißen *(„hoş geldiniz!"* der Gruß, *„hoş bulduk"* die Antwort). Wie selbstverständlich wird gegeben und geteilt. Fast nie steckt irgendeine Absicht dahinter; im umgekehrten Falle, so die Annahme, hielte es der andere ja genauso. Indes wird erwartet, daß die uns manchmal überraschende Offenheit, mag sie sich in Fragen nach Herkunft, Kinderzahl oder Beruf äußern, freimütig erwidert wird. Entstehen so ⬈Kontakte und folgen erneute Einladungen, erwartet der Gastgeber eine kleine Aufmerksamkeit (⬈Geschenke).

Gast *(misafir)* bedeutet eigentlich „Reisender"; den alten, nichtseßhaften Türken der Steppe war er heilig. Zu bedauern und hilfsbedürftig ist er im Grunde bis heute, denn in die Fremde, herausgerissen aus der Familie, kann es einen nur gegen den eigenen Willen verschlagen.

Dem Ausländer (⬈Statussymbole) legt man nicht selten nahe, doch über Nacht zu bleiben. Die Einladung ist ehrlich gemeint, muß aber von Frau zu Frau oder Mann zu Mann erfolgen sein. Die höfliche Distanz zum anderen Geschlecht gilt auch innerhalb der Familie; sie gilt bei Gesprächen, Blicken und schließt jedes Schäkern, wie es bei uns mit Hausfrau oder Hausherrn möglich ist, absolut aus. Traditionell bleiben zur Geselligkeit Männer und Frauen jeweils unter sich. Zwar tragen diese den männlichen Gästen auf (⬈Frauen, Wohnen), ziehen sich danach aber gleich wieder zurück. Sunnitische Şafiî-Familien, also fast alle Kurden Südostanatoliens (⬈Religion), können noch weiter gehen: Sie würden ausländische Ehepaare aus Höflichkeit wohl gemeinsam bewirten, aber auftragen und nachschenken muß hier der älteste Sohn. Ein Handschlag zwischen dem Besucher und der Frau des Gastgebers käme gar nicht in Frage (⬈Tabus, Riten).

Über eines muß sich allerdings jeder Gast im klaren sein: für die Dauer des Aufenthalts gehört er zur Familie. Er wird also weder allein sein können noch irgend etwas bezahlen dürfen. Bei Ärmeren sollte das Angebot deswegen taktvoll ausgeschlagen und auch sonst nicht über Gebühr strapaziert werden. Türken würden sich eher ruinieren, als einem Gast die Abreise nahezulegen (⬈Höflichkeitsformen).

Der einmal geschlossene familiäre Kontakt bleibt bestehen. Sich später nicht mehr zu melden – und sei es nur durch einen Brief –, ist ein Affront.

Zu Gast im Zelt des Turkmenenfürsten

Wenn die Moslem nicht recht über die Empfangszeremonie des Fremden mit sich einig sind, so richten sie es gern so ein, daß sie bei seinem Eintreffen das Gebet verrichten, dann brauchen sie von niemand Kenntnis zu nehmen und vermeiden wenigstens das ihnen so lästige und anstößige Aufstehen vor einem Ungläubigen. Osman-Bey fand ich, nachdem ich von Musik empfangen worden, in seinem großen Zelte von schwarzem Ziegenhaar auf dem Teppich knieend und gegen die Kaaba von Mekka gewendet; es waren schöne seidene Polster am oberen Ende gebreitet, neben einem großen Feuer, welches unter dem nach einer Seite ganz offenen Zelte loderte, vor demselben war das Leibpferd des Bey, wie üblich, an allen vier Füßen gefesselt und an einen Pflock in der Erde festgebunden; der Sattel wird auch des Nachts nicht abgenommen, und ein Dschüll oder eine große Decke aus Filz ist der einzige Schutz der harten turkmenischen Pferde gegen die Witterung; die übrigen Rosse sprangen frei und ohne Fesseln auf der Weide herum.

Nachdem ich es mir möglichst bequem gemacht, kam der Bey herbei, begrüßte mich freundlich, und nachdem Kaffee und Pfeifen das zu Anfange jedes Besuchs schickliche Stillschweigen gelöst, erkundigte er sich nach meiner kymmerischen Heimat, ungefähr wie wir einen Mondbewohner ausfragen würden, wenn er wie ein Meteorstein auf unseren Planeten herabfiele.

Das große Zelt, in welchem wir uns befanden, war eigentlich das drawing room des Bey, die Winterzelte der Turkmenen sind sonst klein und backofenförmig; sie bestehen aus einem kreisförmigen Gitter, überdeckt von einem Dom aus leichten zierlich gefugten Stäben, das Ganze ist mit Filz überzogen und mit langen Halftern umwickelt. Wenn man in ein solches Zelt ein Kohlenbecken setzt, so ist es bald wie eine Badstube.

Das fürstliche Diner bestand aus Milch, Reis, Käse und Brot; um einen schwierigen Etikettepunkt zu umgehen, wurde die Tafel vor mir gedeckt; d. h. ein Leder an die Erde ausgebreitet und hölzerne Löffel daraufgelegt; die ganze Gesellschaft kam dann dort hin. Der Bey aber blieb sitzen und aß erst, nachdem wir fertig waren.

Diese Tischsitten haben mir sehr wohl gefallen; sie haben jene natürliche Höflichkeit, die aus Wohlwollen entspringt, während sie uns anerzogen ist. Nichts kam dem in unserem Zelt versammelten Publikum seltsamer vor als mein Bett, obwohl es mir selbst sehr spartanisch schien und nur aus ein paar Decken und weißen Tüchern bestand; als ich aber, um mich schlafen zu legen, einen Teil meiner Kleider abtat, da konnte die Versammlung ein allgemeines Lächeln nicht unterdrücken. Wirklich machte die übrige Gesellschaft so wenig Nachttoilette, daß sie nicht einmal die Pistolen aus dem Gürtel zog. Die Gastfreiheit ist diesen Leuten natürlich; man macht nicht die mindesten Umstände, weder beim Kommen, noch beim Gehen, und als ich am folgenden Morgen vor Sonnenaufgang abritt, hatte ich Mühe, jemand zu finden, der mir Trinkgeld abnehmen wollte.

Aus: Helmut von Moltke, „Unter dem Halbmond".

Geld

Istanbuls Schwarzmarkt Tahtakale mag für Türken nach wie vor inoffizieller Währungsmarkt sein. Ausländern hilft der Schwarzmarktdeal kaum weiter – mit Freigabe der Devisenkonten wurde er unattraktiv. Immerhin ist es günstiger, Geld im Land zu tauschen (Bank; Hotel), übrigens auch bei Juwelieren, die mit Devisen ihre Goldgeschäfte tätigen. Kurse, verschieden von Bank zu Bank, stehen täglich in der Zeitung. Einzig die Filialen der Iş Bankası, einer der wichtigsten türkischen Geschäftsbanken, akzeptieren überall Reise- und Eurochecks.

Bei Inflationsraten zwischen 70 und 80% gilt als normal, daß aufgedruckte Preise (vor allem von Spirituosen) gelegentlich überholt sind. Zum Streitpunkt wird eher die relativ neue Mehrwertsteuer (KDV). Aufgeschlagen werden darf sie nur bei nicht ausgezeichneter Ware und gegen Quittung, nur dann wird sie auch wirklich an den Staat abgeführt. Bei Fertigprodukten ist sie jedoch im aufgedruckten Preis enthalten und darf nicht ein zweites Mal berechnet werden.

Der türkische Pfennig *(kuruş)* ist der Inflation längst zum Opfer gefallen; erst recht sein vierzigster Teil, der *para. Para* steht mittlerweile für „Geld" an sich; *kuruş* ist gerade Älteren häufig noch so geläufig, daß sie das Wort gelegentlich an Stelle der heutigen Währungsbezeichnung *lira* verwenden.

Geschäftsreisen

Am Anfang einer geschäftlichen Beziehung sollte stets eine persönliche Begegnung, nicht aber ein Telefonat stehen. Kontakte und Termine kann man sich über das Delegiertenbüro der Deutschen Wirtschaft, die ständige DIHT-Vertretung in Istanbul oder eine Bank vermitteln lassen.

Das Gespräch selbst – die Firmenspitze nimmt in der Regel daran teil – findet in sehr höflicher Atmosphäre statt (↗Höflichkeitsformen). Man gibt sich zur Begrüßung die Hand, tauscht Vornamen und Visitenkarten aus. Bei allen Präliminarien bleiben Familienangelegenheiten weitgehend ausgeklammert. Eher ist es üblich, das Land des Gesprächspartners auf Kosten des eigenen schmeichelhaft zu erhöhen.

Die Anwesenheit von Anwälten ist nicht ungewöhnlich. Die Ergebnisse der geduldig und ohne Aggressivität geführten Verhandlungen werden häufig protokolliert. Führen sie nicht zu dem erwünschten Abschluß, signalisiert dies die türkische Seite nicht so sehr durch ein klares „nein", sondern durch Umständlichkeiten: Man beginnt sich an Nebensächlichkeiten aufzuhalten oder um Bedenkzeit zu bitten.

Für einen entspannten Ausklang, meistens in Form eines gemeinsamen Essens, ist dies jedoch ohne Bedeutung. Bleibt noch Zeit, wird eine Gegeneinladung – am Abend oder am nächsten Tag – gerne angenommen.

Geschenke

Bei all den großen Anlässen zu Familienfeiern wie Geburt, Beschneidung oder Heirat steht der praktische Wert eines Geschenkes *(hediye)* im Vordergrund. Gerade die Beliebtheit von Geldgeschenken zeigt, daß in diesem Rahmen eine Gabe die Funktion hat, Unterstützung zu leisten, den Lebensweg zu erleichtern. Bei solchen Gelegenheiten nur etwas in unserem Sinne ‚Schönes' zu schenken, würde wohl Enttäuschung oder doch jedenfalls Unverständnis hervorrufen.

Ähnliches gilt für andere private Einladungen und Geselligkeiten, wie sie unter Freunden üblich sind oder sich aus kürzerfristigen Bekanntschaften ergeben können (↗Gastfreundschaft). Geldgeschenke wären in diesen Fällen zwar gänzlich unangebracht, doch beschenkt man sich gerne mit kleinen Freuden für den Alltag: mit Süßigkeiten, Toilettenartikeln oder – unter nicht streng muslimischen Türken – auch mit ausländischen Spirituosen, etwa Cognac oder Whiskey. In Frage kommt all das, was man sich selbst nicht alle Tage leistet (zumal nicht in finanziell beengten Verhältnissen), womit man den anderen ein wenig verwöhnen kann.

Bestimmt wird Freude bereiten, was typisch ist für die Heimat des Gastes. Ist man dennoch unsicher in Fragen des Beschenkens oder will man möglichst genau auf etwaige Bedürfnisse des Gastgebers eingehen, so schadet es nicht, vorzufühlen. Mangelwirtschaft und Armut haben die Türken zu passionierten

Gelegenheitskäufern werden lassen. Sie würden kaum eine Reise tun, ohne nicht dabei die vielfältigen Aufträge von Verwandten und Nachbarn zu erledigen. Von daher ergibt sich die Möglichkeit, einige Zeit vorher anzufragen, ob denn gerade das eine oder andere benötigt wird. Aus solchen Bestellungen (Nescafé, Zigaretten, Stoffe für Kopftücher, Elektroartikel, Medikamente etc.) läßt sich dann leicht ein Geschenk machen, indem man kategorisch von der Rückerstattung des Kaufpreises nichts mehr wissen möchte. Sicherlich wird der Beschenkte ernsthaft protestieren, doch darf er sich, angesichts der deutlich vorgeführten Entschlossenheit des Gastes – den er ja andernfalls beleidigen würde –, schließlich gerne geschlagen geben (↗Höflichkeitsformen).

Zum Geschenk gehört die kunstvolle Verpackung; in vielen türkischen Läden sorgen die Verkäufer von sich aus dafür. Wo nicht, wird dem Wunsch auf ein *„sarar mısınız?"* hin („würden Sie es bitte einpacken?") ohne weiteres entsprochen. Das empfangene Präsent unverzüglich auszupacken schickt sich; enthält es Süßigkeiten, bietet man sie gleich allen an.

Nicht eigentlich als Geschenke, sondern als Versuche der Kontaktaufnahme und als Ausdruck der Gastfreundschaft gelten jene unzähligen kleinen Gesten *(ikram)*, die vom Glas Tee bis zur Einladung, zum Essen oder gar über Nacht zu bleiben, reichen. Es werden folglich auch keine Gegengeschenke erwartet; sie wären sogar kränkend, haftete ihnen doch etwas von Bezahlung an. Als Gesten sollen sie jedoch sehr wohl mit Gegengesten beantwortet werden; Sofortbildern etwa, vielleicht auch einem späteren Brief, dem man Abzüge von Photos beilegen kann. Gänzlich mit leeren Händen steht jedenfalls keiner da. Während der wichtigsten ↗Feiertage, an denen man innerfamiliär Höflichkeitsbesuche austauscht, bleiben daher ↗Läden mit Knabbereien (geröstete Kichererbsen, Sonnenblumenkerne etc.) und Süßigkeiten geöffnet.

Übrigens: Wer Kekse oder andere Schleckereien aus Europa mitbringen möchte, sollte daran denken, daß sie häufig mit Schweineschmalz gebacken werden. Einem gläubigen Muslim sind sie folglich als Geschenk nicht zuzumuten. Extrakte aus Schweineorganen tauchen bei uns sogar in gewissen Medikamenten auf.

Geschichte

Daß Alexander der Große den von Gordios, dem mythischen Phrygerkönig, kunstvoll geknüpften Knoten ‚lösen' konnte – er tat es mit einem Schwerthieb –, verhieß ihm, dem Orakel zufolge, die Eroberung Asiens. Dieser Mythos, in dem die Erinnerung an Gordion, einst mächtige Phrygerhauptstadt in Zentralanatolien (unweit des heutigen Ankara), nachklingt, zeigt die Bedeutung Anatoliens: als ‚Knotenpunkt' zwischen Europa, Asien und Mesopotamien hat es entscheidenden Anteil an Entstehung und Ausbreitung der mittelmeerischen Zivilisation.

Städtische Siedlungen (Çatal Hüyük) gab es schon vor knapp 9000 Jahren. Ein Großreich aber gründen erst die von Norden zuwandernden indoeuropäischen Hethiter (ca. 2000–1200 v. Chr.). Sie bringen ihre (Hieroglyphen-)Schrift und den Streitwagen nach Anatolien. Als Kultur des Übergangs zu einer patristischen Gesellschaftsordnung haben sie nicht nur Fruchtbarkeitskulte um weibliche Gottheiten, sondern verehren auch „šiuš", den männlichen Sonnengott; der griechische „Zeus" und lat. „deus" für „Gott" haben dieselbe Wurzel. Hethitisch ist das Wort „Anatolien": „Morgenland".

Dem Ansturm fremder Seevölker erliegen sie; neue Reiche entstehen: 1000/800–695 v. Chr. das Phrygien des Königs Midas, Lydien unter Gyges (680–650 v. Chr.) und Krösus – sowie Armenien (⭧Minderheiten), das das Reich Urartu (9. bis spätes 7. Jh.) im 6. Jahrhundert ablöst.

Urartu, erstes Großreich Ostanatoliens (⭧Wissenschaft), dessen Name später als „Ararat" – das aus der Sintflut ragende Gebirge (⭧Mythen) – wieder auftaucht, hat in Geschichte und Kultur Armeniens stark nachgewirkt; seine Baukunst beeinflußte aber auch die des Perserreichs, und die Arbeiten seiner Gold- und Bronzeschmiede lassen sich in ihrer stilbildenden Wirkung selbst noch bei den Etruskern nachweisen.

Nach Urartus Fall wird Anatolien zum Zankapfel zwischen Kaukasiern, Griechen, iranischen Völkern (Medern, Persern, Parthern) und Römern. Es erlebt die Blüte großer Städte wie Milet, Pergamon, Ephesos und spielt eine wesentliche Rolle beim Aufstieg des Christentums: Tarsus, die Heimat des Apostels Paulus, ist heute ebenso türkisch wie Antakya, das alte Antiochia, wo sich Juden zum ersten Male Christen nannten.

Als daher Konstantin der Große nach Übertritt zum Christentum eine neue Hauptstadt für ein künftig christliches Imperium Romanum sucht, fällt seine Wahl nicht von ungefähr auf Byzantion am Bosporus: 330 n. Chr. wird die Stadt als Constantinopolis zum ‚neuen Rom'. Das von hier aus erblühende Byzantinische Reich verbindet griechisch-römische Spätantike, Christentum und Orient in fruchtbarer Synthese.

Während der westliche Teil des Römischen Reiches in den Wellen der Völkerwanderung versinkt, hat das oströmisch-byzantinische Kaiserreich bis ins 15. Jahrhundert Bestand, überliefert Kunst und Gelehrsamkeit der Antike und ist dem christianisierten Europa, aller Konflikte ungeachtet, Bollwerk gegen den Islam. Tor zwischen Morgen- und Abendland, lockt es Goten, Slawen, Araber, Mongolen, Kreuzfahrer (die es 1204 beutelüstern plündern), Selçuken, Osmanen... Zuletzt besteht es, umschlossen von erobertem Land, nur noch innerhalb des Mauerrings der Stadt.

Ihn erstürmt das osmanische Heer 1453 unter Führung des 21jährigen Sultans: Mehmet II. geht als „Fatih", der Eroberer, in die Geschichte ein. Seine Leistungen als Regent (Zentralverwaltung, Rechtspflege, Kunst, Wissenschaft) sind Auftakt der machtpolitischen, wirtschaftlichen und kulturellen Blütezeit im 16. Jahrhundert: Das Osmanische Weltreich verkörpert sich eindrucksvoll in Süleyman I. (1520–1566), dem „Gesetzgeber", wie seine türkischen Zeitgenossen ihn nannten, dem „Prächtigen", als den wir Europäer ihn bis heute sehen.

Die folgende jahrhundertelange osmanisch-abendländische Auseinandersetzung stärkt letztlich das europäische Machtgefüge. Mit Europas Entdeckung der neuen Seewege verliert der Sultan bald das Monopol im Handel mit dem Fernen Osten. Der Niedergang der Osmanen verläuft parallel zum Aufstieg der neuen Kolonialmächte; die Furcht vor dem Krummdolch löst sich auf im romantischen Orienttraum.

In einem letzten Anlauf verbündet sich der schon geringgeschätzte ‚kranke Mann am Bosporus' dem Deutschen Kaiserreich. Beide begraben im Fiasko des Ersten Weltkriegs ihre imperialen Hoffnungen. Der Verlust der arabischen Provinzen ist für den Sultan, als Kalif (↗Türken) zugleich Oberhaupt der islamischen Welt, eine Katastrophe, nicht aber für die Anhänger eines rein türkischen Nationalstaats, die nun die Chance sehen, sich der Fesseln und des religiösen Fundaments des alten Systems zu entledigen (↗Patriotismus).

Ein Kalifat, von Atatürk abgeschafft, hat es bis heute nirgends mehr gegeben. Der letzte Sultan und seine Familie wurden des Landes verwiesen.

Gesellschaft

Die türkische Gesellschaftsstruktur ist alles andere als homogen. Historisch bedingt mißtrauen vor allem drei Gruppen einander: sunnitische Türken (sie stellten in osmanischer Zeit auch die städtische Oberschicht), Kurden (↗Minderheiten) sowie die Anhänger von Volksreligionen (↗Religion).

Ein Faktor sind seit neuestem auch Türken aus Bulgarien und vor allem die „Deutschländer" *(almancı)*. Während man in den Bulgarientürken eine Bedrohung für den Arbeitsmarkt sieht, gelten die *almancı* und ihre Kinder, Rückkehrer aus Deutschland, als arrogant und türkischem Leben entfremdet (↗Gastarbeiter).

Unter den nichtsunnitischen Türken – eigentlich die weniger assimilierten Nachfahren der einstigen Eroberer – hielten sich noch bis in die fünfziger Jahre nomadisierende Gruppen von Yörük und Türkmen (↗Türken). Das reine Nomadentum ist heute durch die Umwandlung der einstigen Winterweiden in landwirtschaftliche Nutzflächen so gut wie verschwunden. Auch unter den Kurden hat sich aus ähnlichen Gründen fast nur noch Halbnomadismus erhalten. 20 000–30 000 ziehen im Sommer mit Zelten und Herden in die Berge. Hochalm *(yayla)* und die festen Winterdörfer sind jedoch mittlerweile rechtmäßiger, d. h. nicht mehr mit der Waffe behaupteter, Besitz.

Die generell archaischere Welt Ost- und Südostanatoliens begünstigt auch noch *ağa* (Großgrundbesitzer; ↗Armut) und *şeyh* (Ordens- und Stammesführer). Eingebunden in etablierte politische Parteien, bieten sie diesen gegen Nichteinmischung ihre Loyalität und die Wählerstimmen der von ihnen abhängigen Bauern oder Stämme, so wie sie früher dem Sultan Waffendienste zur Verfügung stellen konnten. Allerdings ist dieses einst für ganz Anatolien so charakteristische System in Auflösung begriffen. Abwanderung vieler zur Arbeit in die Städte (↗Stadt- und Landleben), damit das Ende der Großfamilie, höhlen es aus, auch wenn die Verhaltensmuster bestehen bleiben (↗Höflichkeitsformen). Hierarchiedenken, Verwandtenbegünstigung und Protektion, ein System aus Gehorsam und Belohnung spielen selbst bei der europäisierten Ober- und Mittelschicht eine mehr oder weniger wichtige Rolle. Dies gilt um so mehr, als gerade in den letzten Jahren in Wirtschaft und Politik verstärkt soziale Aufsteiger aus konservativem Milieu zum Zuge kamen.

Gesten und Mimik

Von der sogenannten neapolitanischen Linie an werfen Bewohner des mediterranen Raumes bei einem „nein" den Kopf nach hinten. Türken schnalzen dabei noch mit der Zunge und ziehen einfach nur die Augenbrauen hoch, was – ist man nicht daran gewöhnt – zunächst überheblich wirken kann. Überhaupt sind Kopf und Augen beredter als bei uns. Schicklichkeit und Würde (über den Bart streichen!) verbieten eigentlich auch wildes Herumgefuchtel. Um so mehr müssen dann rollende Augen, Kopfschütteln – bei Erstaunen – oder, wie im Volkstheater, standardisierte Mimik die Gefühle zum Ausdruck bringen. Charakteristisch ist die Haltung beim Gebet: halbhohe, nach oben geöffnete Hände.

Ungewohnt mutet das Heranwinken eines anderen an: es geschieht nicht, wie bei uns, mit der Bewegung der Handfläche nach oben, zum Sprecher hin, sondern nach unten. Derselben Bewegung sollte man sich beim Autostopp bedienen, denn dem hochgereckten Daumen haftet etwas Obszönes an. „Eins" beim Zählen ist der ausgestreckte Zeigefinger! Dagegen sind zwei aneinander geriebene Zeigefinger harmlos, gemeint ist lediglich, daß zwei zusammengehören. Und noch eine Abweichung: Lassen wir die Kuppen von Daumen und Zeigefinger sich aufeinander zubewegen, um z. B. die Größe eines Käfers deutlich zu machen, so legen Türken den Daumen an den ausgestreckten Zeigefinger derselben Hand und messen vom Daumennagel bis zur Fingerspitze.

Hamam

Banyo für Bad, ein Lehnwort aus Europa, unterstreicht, daß den Türken ein Bad in unserem Sinne ursprünglich fremd ist. Anders als wir jedoch, ausgesprochene Schmutzfinken bis ins 19. Jahrhundert, legten sie auf Sauberkeit schon immer großen Wert. Für jede Bevölkerungsgruppe, für jedes Viertel gab es öffentliche Schwitzbäder *(hamam)*, entstanden aus der Tradition römischer Thermen und dem islamischen Reinheitsgebot.

Für Frauen – und in manchen Kreisen gilt dies bis heute – waren diese Bäder besonders wichtig: als Ort gegenseitigen Austauschs und um als Mutter vierzig Tage nach einer Geburt rituell wieder in die Gemeinschaft aufgenommen zu werden.

Wer noch kein *banyo* besitzt, besucht den *hamam*, nach wie vor besonders donnerstags. Allerdings nicht die osmanischen Prachtbauten; sie sind zumeist überteuerte, zuweilen auch – völlig untypisch! – gemischtgeschlechtliche Touristenattraktionen mit ausschließlich männlichem Personal geworden (↗FKK/Nacktbaden); nein, die abseits gelegenen in den Wohnvierteln. Getrennte Räumlichkeiten für Frauen und Männer sind eher die Ausnahme; meist hat man nur getrennte Öffnungszeiten mit den Männern am Abend.

Das Prinzip ist immer dasselbe: auf einen Vorraum *(camekân)* mit Kabinen folgt der mäßig warme *soğukluk* mit den Toiletten und der Möglichkeit, sich zu rasieren (↗Sexualität); erst dann gelangt man in den eigentlichen Schwitzraum *(hararet)*.

Im *camekân* werden Badeschlappen und Lendenschurze *(peştamal)* ausgegeben; einen fürs Rein-, einen fürs Rausgehen. Die Kleider kommen in eine abschließbare Ruhekabine.

Den *hararet* beherrscht ein von unten beheiztes Marmorpodest. Daneben gibt es besonders heiße Seitenkammern, um rasch ins Schwitzen zu kommen; dann Nischen mit heißem und kaltem Wasser zum Selbermischen. Hier ist auch der Arbeitsbereich des Helfers *(tellak)* bzw. der Helferin *(natır)*. Auf Wunsch wird der Badegast von Kopf bis Fuß (die Scham bleibt stets bedeckt) mit dem Frottierhandschuh *(kese)* gewaschen. Eine zusätzliche Massage auf dem Podest *(göbek taşı)* ist möglich.

Das Ganze nimmt mindestens eine Stunde in Anspruch; da Temperaturwechsel wie in der Sauna fehlen, kommt es – ohne weitere knapp halbstündige Ruhe in der Kabine – leicht zu einer Erkältung. Zuletzt folgt das Spalier der *bahşiş*-Empfänger. Unabhängig vom Eintrittsgeld bieten sie Handreichungen gegen kleinen Lohn: Massage, Abfrottieren beim Herauskommen, was auch immer. *„Sıhhatler olsun!"* („wohl bekomm's") lautet ihre dankbare Floskel, mit der sie den Besucher zum Ausgang geleiten.

■■■■ Handwerk

Herausragend und von unglaublicher Vielfalt tradierter Muster, Web- und Knüpftechniken sind Teppiche *(halı)* und Flachgewebe *(kilim, cicim, zili, sumak)*. Ob als Umhang wie bei der alteingesessenen Bevölkerung von Erzurum *(dadaş)*, ob als Bodenbelag oder Zeltplane, Kissenbezug oder Satteltasche – für die Türken sind sie so typisch, daß noch in mehr als 2000 Dörfern, übrigens ausschließlich von Frauen bediente, Webstühle stehen. Lange Zeit ließen die Muster – alte Stammestotems sowie die Vielzahl anatolischer Motive – sichere Lokalisierungen zu. Vermischungen durch häufige Ortswechsel und touristenorientierte Produktion machen dies immer schwieriger. Lange schon wurden Anilinfarben verwendet. Seit knapp eineinhalb Jahrzehnten erst, ausgelöst durch ein Projekt der Marmara-Universität, kommen verstärkt wieder die fast vergessenen Naturfarben zum Zuge. Der neue Massenbedarf durch den Tourismus hat die stilsicheren alten Gebrauchsstücke rar und teuer werden lassen und verleitet bei neuen Stücken zu Manipulationen: In Seidenteppichen *(hereke)* taucht merzerisierte Baumwolle auf; Reliefs, eine Besonderheit von Karsteppichen, kommen nicht mehr durch langwierige Oxydationsprozesse, sondern auf die Schnelle durch Scheren zustande. Die Liste möglicher Sünden ist lang. Fast alle hängen mit den industriellen Manipulations- und Herstellungsmöglichkeiten zusammen.

Genau hier liegen auch die generellen Probleme des Handwerks: Gegen Fertigprodukte kann es sich nur dort behaupten, wo es durch die allgemeine Armut begünstigt oder landestypisch ist. Wer also etwas repariert oder ausbessert (Kleidung, Schuhe, Feuerzeuge, Ofenrohre), wer wiederverwertet (Eimer aus Käsekanistern, Hocker aus Autoreifen etc.), findet ein, wenn auch karges, Auskommen. Auch für Besenbinder, Näher von Steppdecken, Filzwalker, Kupfer- und Hufschmiede, Sattler und Hersteller von Pferdegeschirr ist Bedarf (↗Läden). Den selbstgemachten Messern, Holzlöffeln und Spindeln hingegen begegnet man fast nur noch auf Bauernmärkten oder am Straßenrand; dort bieten Zigeuner ihre Korbflechtereien an. Die Töpfer von Çanakkale oder Kappadokien, vom Plastikzeitalter fast in den Ruin getrieben, haben sich durch den Tourismus wieder erholt. Ebenso einige Zweige des Kunsthandwerks wie die Meerschaumschnitzer aus Eskişehir, Kupferziseleure oder die *yazmacı,* die Holzschablonen fertigen und damit Baumwollstoffe bedrucken.

Die Kunst der Goldschmiede *(kuyumcu)* stand nie im Dienst der Eitelkeit allein: Arabische und einheimische Käufer sehen in Ohrringen und Armreifen vor allem eine Kapitalanlage. Gewinne durch natürlichen Wertzuwachs sind nämlich im Gegensatz zu solchen aus Bankzinsen vom Islam nicht geächtet. Insofern wird der Preis von Goldschmuck hauptsächlich nach Gewicht, kaum nach Arbeitsaufwand berechnet.

▰▰▰ Heilige Symbole siehe Aberglaube, Atatürk, Patriotismus

▰▰▰ Heirat

Das Mädchen ist oft gerade 16 Jahre alt, der Mann 21 (in den Städten beide durchschnittlich zwei bis drei Jahre älter). Jede Braut *(gelin* – komm!) geht der eigenen ↗Familie als Arbeitskraft verloren, daher hat der Brautpreis durchaus eine wirtschaftliche Berechtigung; Ausrichtung der Hochzeit *(düğün),* selbst Finanzierung des Brautkleids sind Sache des Mannes.

Aussteuer und Anschaffungen, eventuell vom Brautpreis, können eine Verlobungszeit von bis zu einem Jahr erfordern. Auf dem Land gehen die Festlichkeiten dann über mehrere Tage. Zunächst feiern Braut und Bräutigam, nach Geschlechtern getrennt, Abschied in ihren jeweiligen Elternhäusern. Am Vorabend der Trauung schließlich beschwören die Braut und die Frauen ihres alten Lebenskreises das künftige Glück mit Henna (↗Farben). Das heute meist schleierlose, westlich weiße Brautkleid war ursprünglich rot. Die mit Goldschmuck und Geld behängte Braut wurde zum neuen Heim geführt, im Hochzeitszimmer von den Gästen bewundert, vom Bräutigam beschenkt und feierlich entschleiert, wobei er sie oft zum ersten Mal zu Gesicht bekam.

In den Städten finden die Feiern jetzt meist am Wochenende und, bis auf die Hennanacht, nicht mehr nach Geschlechtern getrennt statt. Nach einer kurzen, die Ehe legalisierenden standesamtlichen Trauung (häufig ergänzt um *imam nikâhı*, die religiöse Zeremonie im Haus des Bräutigams; dies vor allem bei Ehelichung einer Zweitfrau), geht es im hupenden Autokonvoi durch die Straßen, nicht selten verbunden mit Abstechern zu Schutzheiligen, etwa zu Telli Baba in Istanbul. In angemieteten Festsälen versammeln sich zahlreiche Gäste. Die *düğün salonu* sind zu festen Einrichtungen geworden und stellen auch Musikkapellen. Im Grunde ist jeder willkommen, weshalb meist nur Limonade und Konfekt gereicht werden. Traditionelle ↗Tänze unter Einschluß aller überbrücken die Zeit bis zum Eintreffen des Brautpaares. Dieses, von Verwandtenbesuchen und Erwartungsdruck deutlich gestreßt, nimmt nun das Defilee der Gratulanten ab. Je nachdem streift man der Braut goldene Armreife über oder heftet beiden Banknoten an die Kleider. Kurz darauf, manchmal nach einer Art symbolischer Schleierabnahme, macht sich das Paar wieder davon, während das Fest weitergeht.

▬▬▬ Hilfsbereitschaft siehe Gastfreundschaft

▬▬▬ Höflichkeitsformen

Wer zum ersten Mal die Drängelei vor einem Schalter erlebt, will es nicht glauben: Höflichkeit ist ein Fundament der Gesellschaft. Sie zeigt sich in Regeln der Grammatik, in unzähligen Floskeln (so wünscht man jedem nur irgend Beschäftigten eine leichte Hand: *„kolay gelsin“*), in der Unfähigkeit, ein delikates Wort zu gebrauchen, ohne sich vorher zu entschuldigen (*„affedersiniz“*). Als barbarisch gelten öffentliche Bloßstellungen (↗Beleidigungen), Rechthaberei oder lautes, auffälliges Benehmen. Wer etwas als „nicht schlecht" (*„fena değil“*) bezeichnet, meint im Grunde „grauenvoll"; und unter „normal" darf man getrost „über die Maßen schwierig" verstehen. Die Wirklichkeit ist schon schlimm genug, warum es auch noch aussprechen!

Umgekehrt ist nichts höflicher, als den anderen zu erhöhen. Allein schon in der Anrede (↗Namen, Begrüßung) geschieht es; neben den ausgeprägten Gemeinsinn tritt die unbedingte Achtung sozialer Rangordnungsverhältnisse (↗Gesellschaft). Jüngere zollen dem Alter bei jeder Gelegenheit Respekt; Kinder stehen auf oder drücken als Erwachsene die Zigarette aus, wenn die Eltern den Raum betreten; Begrüßungen und Verabschiedungen erfolgen zuerst von Frau zu Frau und von Mann zu Mann. Auch beim ↗Geschenk wird darauf geachtet, daß sein Wert im rechten Verhältnis zum Status des Beschenkten steht. Peinlichkeiten oder spätere Umverteilungen sind sonst nicht auszuschließen.

Im Gespräch kommt ein höflicher Mensch *(efendi)* übrigens möglichst spät zur Sache. Er verwendet viel Zeit auf Schmeicheleien und Artigkeiten, die nicht viel bedeuten mögen, aber guttun. Kommt es zum Tee, schlägt er ein zweites Glas auf das Wohl seines Gegenübers nicht aus.

Homosexualität

Gehen Männer Arm in Arm spazieren oder legen sich im Gespräch die Hand aufs Knie, hat dies mit Homosexualität nichts zu tun. Die Alltagswelten der Männer und Frauen sind seit Jahrhunderten getrennt, daher zeigen die Geschlechter in der Öffentlichkeit ihre Gefühle nur untereinander (↗Sexualität).

Allerdings spielen zärtliche Verbindungen zwischen Männern und Knaben im Orient im Zusammenhang mit der Eunuchentradition fraglos eine gewisse Rolle. Päderastie hat, von Religion und Gesetz geächtet, nicht nur im geheimen fortbestanden, sondern auch, gerade unter Künstlern, zu einem speziellen Milieu geführt. In Istanbul gibt es viele transsexuelle Tänzer und Sänger (↗Prostitution); die berühmtesten, wie Zeki Müren oder Bülent Ersoy (↗Musik), sind nationale Kultfiguren.

Import

Bis zum Maßnahmenkatalog vom 24.1.1980 war der Binnenmarkt durch Importverbote und Zölle stark abgeschottet: Für Schmuggler goldene Jahre, in denen kurdische Grenzstädte zum Iran blühten. Beamte zahlten Unsummen,um an ‚lukrative‘ Grenzen versetzt zu werden; dort waren sie in zwei Jahren saniert.

Mineralische Brennstoffe beanspruchten bis dahin stets fast die Hälfte aller Einfuhren, gefolgt von Industriegütern wie chemischen Erzeugnissen, Düngemitteln, aber auch Vorprodukten für den Fahrzeug- und Maschinenbau. Lizenzierte Endmontagen waren und sind die wichtigsten Aufgaben vieler nach dem zweiten Weltkrieg errichteter Fabriken und Industriebetriebe. Busse von Mercedes oder M.A.N., der Transporter von Ford, Kleinwagen von Renault oder Fiat – sie alle werden auch in der Türkei zusammengesetzt.

Dann kam die Liberalisierung. Die Liste verbotener Güter sank von mehr als 1000 auf 100. Selbst ausländische Genußmittel und Luxusartikel, nur einem Bruchteil der Bevölkerung erschwinglich, sind seither erhältlich. Die neue Wirtschaftspolitik bezweckt hauptsächlich den Aufbau einer eigenen, international wettbewerbsfähigen Industrie. Insofern explodierten vor allem die Importe von Investitionsgütern; von Maschinen, elektrotechnischen Ausrüstungen und Fahrzeugen. Innerhalb eines Jahrzehnts – die Importe verdoppelten sich von rund 8 auf 16 Mrd. US-$ (BRD-Gesamtimporte ca. das zwanzigfache) – stieg ihr Anteil von weniger als der Hälfte auf über 70%.

Zu den führenden Importeuren entwickelten sich die BRD (1989: 14%) und die USA, wobei der Irak vor dem Golfkrieg 1991 durch seine Öllieferungen stets einen der vordersten Plätze behauptet hatte (1989: 10,5%).

Volkswirtschaftlich völlig unbedeutend, doch wichtig für Bräuche und kulturelles Selbstverständnis, sind Import von Kaffee, Gewürzen, Henna sowie Gold und Schmuckwaren.

Das Papierangebot – so ein seit Jahren von der Presse erhobener Vorwurf – werde künstlich verknappt, um über den Papierpreis eine Art indirekter Zensur auszuüben.

▰▰▰ Job

Der Seltenheitswert einer Arbeitserlaubnis für Ausländer ist beträchtlich. Selbst Konsulatsangehörige mit Zeitverträgen oder Wissenschaftler erneuern per Kurzausreise lieber alle drei Monate ihren Touristenstatus, ehe sie sich in die Hände der unsäglich nervtötenden Bürokratie begeben (↗Behörden).

Wer also einer befristeten Arbeit nachzugehen gedenkt, hat nur Chancen, wenn er es versteht, nicht weiter aufzufallen. „Leben und leben lassen!" – aus eigenem Interesse ist dies auch die Devise der meisten Beamten. Im Dschungel der Zuständigkeiten verlieren sie ohnehin häufig den Überblick.

Wer es dennoch versucht, muß die Notwendigkeit seiner Beschäftigung in der Türkei nachweisen; Krankenschwestern ist dies beispielsweise generell nicht möglich. Gute Chancen haben hingegen Lehrer im Rahmen des Unterrichts für Rückkehrerkinder. Angestellte in der freien Wirtschaft oder Experten sollten sich, der niedrigen Leistungen der Krankenversicherungen wegen, zu Hause versichern.

▬▬ Kinder

„*Aferim!*" („bravo!", „ausgezeichnet!") ist ein Lob nur für Kinder. Wer mit den eigenen unterwegs ist, wird es pausenlos zu hören bekommen; sie zu vergöttern – ob Mädchen oder Jungen –, ist herzliches Anliegen aller.

Die Narrenfreiheit endet, wenn die Kinder ins schulpflichtige Alter kommen. Sowohl vom Staat wie auch von der Familie werden sie fortan auf Gehorsam und Respekt und insbesondere auf ihre jeweilige Geschlechterrolle getrimmt. Gerade Jungen müssen dabei so manche Backpfeife einstecken.

Ihre Spiele erinnern sehr an unsere eigenen: Murmeln, Kreisel und *ebe*, die Hauptfigur in unzähligen Versteckspielen und Abzählreimen. Vorgefertigtes Spielzeug gibt es kaum; Schreibwarenhändler führen manchmal Bälle und Plastikautos. Improvisation regiert: Drachen aus Einkaufstüten, Autos aus gebogenem Draht, Schmuck aus Kronkorken. Puppen sind selten, da die meisten Mädchen ohnehin kleinere Geschwister betreuen.

Überhaupt endet die Kindheit für viele sehr früh. Die Mädchen gehen den Müttern so bald wie möglich auf dem Feld oder im Haushalt zur Hand. Jungen werden oft schon vor Beendigung der Schulpflicht (↗Bildung) vom Vater oder einem Verwandten in ihren Beruf eingeführt. Zwar liegt das gesetzliche Mindestalter bei 15 Jahren, vermutlich sind aber knapp 40% der 12 bis 14jährigen bereits erwerbstätig. Erlernen sie wirklich ein Handwerk, haben sie Glück gehabt. In den Ballungszentren sind einige Zehntausende, manche erst vier oder fünf Jahre alt, unterwegs, die als Schuhputzer, Verkäufer von Backwaren oder Bettelsänger zum Unterhalt ihrer Familien beitragen müssen (↗Arbeitsleben).

▬▬ Kleidung

Zwei Revolutionen verboten den Türken die orientalische Tracht. Die erste (1828) führte zu europäischen Uniformen und dem Fes; die zweite (1925) zu europäischer Zivilkleidung und dem Hut mit Krempe. Besonders diese empört den Muslim, muß er doch auch beim Gebet den Kopf bedeckt halten. Die Krempe jedoch verhindert das ehrfürchtige Berühren des Bodens mit der Stirn.

Bauern tragen deshalb Schildmützen, die man um 180 Grad drehen kann; die Frömmsten gestrickte Zipfelmützen oder, allerdings nur zum Gebet, weiße, durchbrochene Käppchen *(takke)*. Den Turban behalten sich geistliche Würdenträger vor.

Auch bei Frauen ist die Art der Kopfbedeckung sehr aufschlußreich. Geht eine Frau mit unbedecktem Kopf (↗Tabus), ist es ein klares Bekenntnis zum Westen. Trägt sie ein buntes Kopftuch (↗Farben), dann hauptsächlich, weil es sich eben so gehört. Unter dem *türban*, dem von einer Nadel unter dem Kinn gehaltenen Tuch, steckt eine streitbare Fundamentalistin. Gehört sie aber dem traditionsbewußten, dabei apolitischen Typ an, hüllt sie sich von oben bis unten in einen schwarzen oder blauen *çarşaf*.

Bei den Bauern, zumindest den Frauen, gehört traditionelle Kleidung auch heute zum alltäglichen Erscheinungsbild (↗Statussymbole). Vieles schneidern sie selbst, vor allem die Pluderhosen (↗Sexualität). Durchaus verbreitet ist auch der das halbe Gesicht bedeckende Schleier. Strikt verboten wurde er nur im behördlich-staatlichen Bereich; dies gilt auch für den *türban*, doch gehen Studentinnen für das Recht, ihn in den Universitäten tragen zu dürfen, immer wieder auf die Straße.

Der bäuerliche Mann trägt am liebsten den *şalvar*, die weite Hose mit tiefem Schritt. Als Hirte wirft er sich in manchen Gegenden einen wetterfesten Filz über, das wohl älteste Kleidungsstück des gesamten Vorderen Orients. Mit Sicherheit ziert den Bauern ein Schnauzbart *(bıyık)*; den Vollbart läßt er sich erst stehen, wenn er nach Mekka gereist ist. Der *bıyık* jedoch ist das Zeichen seiner patriarchalischen Manneswürde. Ohne wäre er so gut wie geschlechtslos; als Kellner, Soldat oder Polizist muß er ihn deswegen zum Zeichen der Unterwerfung abrasieren.

Das Kopftuch Başörtü

Frauen in der Türkei und in Deutschland tragen heute Kappen, Hüte, Mützen, Kopftücher, Turbane aus modischen Gründen, aus Tradition, religiösen Gründen oder einfach, weil es praktisch ist. Keine dieser Kopfbedeckungen ist so umstritten wie das Kopftuch der Türkin. Diskussionen darüber ziehen sich durch die Geschichte der türkischen Republik. Auch in Deutschland ist das Kopftuch zu einem Symbol geworden: Zum Symbol der Türkin schlechthin und ihrer Unterdrückung.

Es gibt in Deutschland wie in der Türkei verschiedene Gruppen von Frauen, die von dieser Diskussion direkt betroffen oder an ihr beteiligt sind und deren Haltungen und Meinungen sehr weit von-

einander abweichen. *Soweit sich diese Gruppen überhaupt kate-*
gorisieren lassen, können folgende Haltungen verfolgt werden:
Eine Gruppe von Frauen trägt Kopftücher aus religiösem Pflicht-
bewußtsein.
Die nächste, große Gruppe trägt kein Kopftuch. Häufig lehnen
diese Frauen das Kopftuch als etwas „Bäurisches" und „Rück-
ständiges" ab oder auch, weil sie sich politisch in der kemalisti-
schen Tradition sehen.
Die größte Gruppe von Frauen trägt das Kopftuch aus Gewohn-
heit und Tradition, einfach weil es zur Kleidung dazugehört.
Für sie ist es kein Thema, weder für politische noch für religiöse
Diskussionen. Das Tuch, das die Haare bedeckt, ist ein Teil der
Bekleidung selbst. Vergleichbar dieser Gruppe finden wir auch
deutsche Frauen in ländlichen Gebieten, für die das Kopftuch zur
vollständigen Kleidung gehört.
Die erste Gruppe ist zahlenmäßig nicht sehr groß, auch wenn sie
in politischen Auseinandersetzungen in der Türkei – und immer
wieder in Deutschland – sehr hochgespielt wird.
Die zweite Gruppe von türkischen Frauen bedeckt ihr Haar über-
haupt nicht. Diese Frauen leben hauptsächlich in den Groß- und
zum Teil auch in Kleinstädten, aber auch auf dem Land. Weil in
dieser Gruppe alle Gesellschaftsschichten repräsentiert sind, ist sie
nicht zu kategorisieren. So sind in ihr gleichermaßen Arbeiterin-
nen, Beamtinnen, weibliche Angestellte, Frauen mit oder ohne
Schulbildung vertreten.
In manchen Familien fanden Auseinandersetzungen über das
„Kopftuch" in den 20er Jahren statt, in manchen noch heute, in
manchen nie, und in manchen Familien möchten die Mütter, die
das Kopftuch tragen, daß sich die Töchter „der neuen Zeit" an-
passen sollen.

Die Frauen im Dorf von Hanife Yılmaz
In meinem Dorf tragen die Mädchen die Tücher in Dreieck-Form,
oder sie machen es nach Kundak-Art, oder manche tragen keine
Tücher. Die verheirateten haben ausschließlich die Serendez-Art.
Wenn die Mädchen Kundak machen, binden sie es etwas schöner.
Als ich ein junges Mädchen war, habe ich meinen Knoten ganz
toll gemacht. Mein Gott, wie verrückt müssen wir gewesen sein.
Natürlich haben wir das immer vor dem Spiegel gemacht. Bevor
wir unseren Knoten schön hergerichtet haben, sind wir nicht aus
dem Hause gegangen. Ich glaube, die jungen Mädchen von heute
kennen diese Art nicht. Zum Beispiel, meine Schwiegertochter

kennt so etwas nicht. Das haben wir gemacht, als wir jung waren. Ich bin 45 Jahre alt, das war ungefähr, als ich 14–15 Jahre alt war.

Heute ist sowieso alles ganz anders. Jetzt macht jeder, was er will. Ein Mädchen läuft mit Kundak, das andere läuft mit Pferdeschwanz, das nächste mit sehr bedeckten Haaren und Hals herum. Es gibt halt nichts Allgemeines mehr hier. Es ist auch unterschiedlich je nach der Familie – oder eigentlich hängt es nicht so sehr von der Familie ab, sondern doch mehr von den Wünschen der jungen Mädchen. Die Mädchen machen, was sie wollen.

Manche Familien mögen ihre Töchter, wenn sie die Haare bedecken. Andere wieder, daß die Mädchen ihre Haare nicht bedecken.

Wenn ein Mädchen, das Kopftücher trägt, verlobt ist, dann nimmt sie eine besonders gute Baumwollqualität und besonders schöne Perlenoyas (Umhäkelung; Anm. d. Red.). Sonst ändert sich nichts. Naja, und wenn sie verheiratet sind – nehmen wir an, sie möchte ihre Haare bedecken –, dann bedeckt sie ihre Haare nach der Serendez-Art. Diese Bindeart verwenden bei uns nur verheiratete Frauen.

Wöchnerinnen tragen zu dem Tuch nach Serendez-Art noch ein rotes Tuch als Stirnband.

Bei uns schützt man in der ersten Zeit das Kind mit einem roten Tuch. Es wird stets auf das Kind gelegt, wenn es im Bett liegt. An den Bettrand wird eine Zwiebel gehängt, in der eine Nadel steckt. Manchmal wird eine Schere oder ein Stück Brot dazugelegt. Die Frauen sind halt abergläubisch. Die roten Tücher werden speziell für die Wöchnerinnen vorbereitet.

Wenn wir auf dem Feld arbeiten, haben wir eine bestimmte Bindeart, damit unser Gesicht nicht so viel Sonne bekommt. Es gibt auch welche, die eher Mund und Nase mit dem Tuch bedecken, wenn sie auf das Feld gehen.

Diese Bindeart aber wird am häufigsten verwendet, wenn die Frauen in die Baumwollfabrik zum Arbeiten gehen. Der wichtigste Grund ist, daß die Frauen keinen Staub in die Nase bekommen. Das machen aber nur manche Frauen, nicht alle.

Wenn die Frauen in die Stadt nach Kozan oder Adana fahren, haben sie andere Tücher als zu Hause. Zu Hause tragen sie meistens Tücher aus Baumwolle mit Perlenoyas. Wenn sie in die Stadt fahren, haben sie keine Perlen. Es gibt so gekaufte, bedruckte Tücher, oder Georgette-Tücher mit İğne-Oyası. Die Tücher mit Perlen sind Tücher für zu Hause, für den Alltag.

Sie sind sehr angenehm zu tragen. Es ist genauso wie bei dir. Du gehst auch nicht zum Besuch mit deinen täglichen Kleidern. Die alten Frauen zeigen ihre Haare gar nicht. Sie binden ihre Haare nach Dolamo-Art, das ist wie die Serendez-Art, genauso. Bei den Alten ist die Stirn nur noch etwas bedeckter. Und auch die Mädchen, die die Koran-Kurse besuchen, bedecken ihre Haare so, wie die Frauen. Die Alten binden aber zusätzlich noch ein Tuch um die Stirn herum. Sie verwenden normalerweise weiße Tücher mit İnce Oya. Das sind keine Perlenmotive, sondern einfach gezogene Linien mit Perlen. Die Alten bevorzugen besonders diese einfachen Perlenbordüren, weil sie diese Tücher um die Stirn herum sehr fest binden können. Sie binden ihre Stirn ständig mit Tüchern fest.

Wenn der Mann alt ist, braucht er keine Tücher mit Oyas zu sehen. Ein junger Mann muß schöne Tücher mit schönen Oyas sehen. Warum soll man sich bei einem alten Mann nach Art junger Frauen schmücken? Genauso braucht aber der junge Mann schön geschmückte mit Tüchern. Deswegen sagt man bei uns: Du sollst Deinen Kopf nach Deinem Mann binden, Du sollst Deine Küche nach Deinem Einkommen richten.

Aus: Meral Akkent, Gaby Franger, „Das Kopftuch Başörtü".

Klima

Spürbare Unterschiede zwischen den Landesteilen schließen seit je einen klimabedingt einheitlichen Lebensrhythmus aus. (Allgemein unüblich sind allenfalls mediterran lange Mittagspausen bei abends verlängerter Arbeitszeit; im Regelfall setzt das muslimische Abendgebet dem Tagwerk ein Ende.) Die fünf wichtigsten Klimazonen – Inneranatolien prägt deutlich schwerblütigere Charaktere als die südlichen Küsten – offenbaren ihre Unterschiede vor allem an Resten traditioneller Bauweisen:

Im mesopotamischen Steppenklima an der türkisch-syrischen Grenze entstanden Bauten wie Bienenkörbe (Trulli). Die Luft zirkuliert auf wunderbar kühlende Weise; ein idealer Gegensatz zur trocken-heißen, wüstenähnlichen Außentemperatur.

Im Nordosten, hinter den Ausläufern des Taurus, sind die Winter extrem kalt und sehr lang. Was heute noch für die meisten Schafställe gilt, galt früher auch für menschliche Behausungen. Teils mehr als zur Hälfte lagen sie unter der Erde, ohne Fenster, zumeist nur mit einem Rauchabzug an der Decke. Die Steinhäuser der ärmsten Kurdendörfer haben bis heute winzige Fenster. Werden die Bewohner vom Staat oder von internationalen Hilfsorganisationen in Fertighäuser umquartiert, mauern sie zuerst die Fensteröffnungen zu, um den Wärmeverlust möglichst gering zu halten.

Im milden, regenreichen Klima der Schwarzmeerküste wird viel mit Holz gebaut. Bei feuchtem Untergrund schienen früher Pfahlbauten oft die beste Lösung zu sein.

Dann das Landesinnere: baumlose Steppen mit extremen Temperaturen im Sommer wie im Winter. Die selçukischen Türken waren unter diesen Verhältnissen gezwungen, die ihnen aus Persien geläufigen offenen Hofmoscheen in wetterfeste, geschlossene Bauten umzuwandeln.

Und schließlich, als fünfte Klimazone, der lange mediterrane Küstenstreifen. Für jene ↗Türken, die dem Nomadenleben treu blieben, erwiesen sich die durch Ablagerungen der Gebirgsflüsse gebildeten Ebenen als ideale Winterquartiere. Anders als in ihrer zentralasiatischen Heimat brauchten sie sich jetzt nicht mehr gegen eisige Winter zu schützen. Die klassische Jurte aus weißem Filz wurde überflüssig; auch die türkischen Nomaden ersetzten sie durch das bei den Kurden übliche offene Zelt aus Ziegenhaar.

Eingeschränkt durch äußere Zwänge findet der gewohnte Wechsel zwischen Winter- und Sommerquartieren doch immer noch statt. Seine Spuren reichen bis dahin, wo die Gruppen längst seßhaft werden mußten (↗Gesellschaft, Architektur).

In der Sommerhitze erhalten Kopftuch und Schleier besonderen Sinn. Als Schutz sind sie geradezu unentbehrlich; der religiöse Aspekt tritt bei Bauern völlig in den Hintergrund. Der Turban saugte den Schweiß ohnehin besser auf als die heute übliche Schirmmütze, Landarbeiter knoten deshalb meist zuerst ein Taschentuch um den Kopf. Und Lagen übereinander getragener Kleidungsstücke reduzieren bei schwerer Feldarbeit Verdunstung von Körperflüssigkeit auf ein Mindestmaß.

In Südostanatolien übrigens treibt die Hitze der Sommertage die Menschen zum Schlafen hinaus in die kühle Nachtluft auf ihre vom Tag angewärmten Hausdächer.

■■■ Körpersprache siehe Gesten und Mimik

■■■ Kontakte

ergeben sich mühelos jederzeit. Vielleicht wird es manchem sogar gelegentlich zuviel der schnellen Bekanntschaften, denn Türken nutzen gern die Gelegenheit, von sich aus mit Fremden ins Gespräch zu kommen. Reisende signalisieren nach türkischem Verständnis in erster Linie Interesse an den Menschen. Sie sind *arkadaş*, „Freunde"; als solche wird man sie überall ansprechen, auch da, wo vielleicht nur etwas verkauft werden soll (eine gewisse Fremdsprachengewandtheit läßt auf kommerzielle Absichten schließen). An der Unverbindlichkeit solcher Kontakte ändert dies nichts. Viel Gelegenheit zum Gespräch bieten allemal die langen Fahrten im Überlandbus (↗Frauen allein unterwegs).

▬ Kriminalität

Gemessen auch an manchem europäischen Land ist die Türkei vergleichsweise sicher.

Gewaltverbrechen sind meist Ehrenhändel oder innere Angelegenheiten von Banden: Drogen-, Waffenhandel, politisch motivierte Taten. Vorsicht allerdings empfiehlt sich in den besonders armen Regionen Ost- und Südostanatoliens: zur Schau gestellter Reichtum (Kameras, Ferngläser etc.) kann in begünstigenden Situationen eine unwiderstehliche Provokation sein; auch agieren hier kurdische Rebellengruppen. Frauen sollten im ganzen Land gewisse Regeln beachten (↗Frauen allein unterwegs).

In den Touristenzentren werden Trickbetrügereien (↗Betteln) und Diebstähle natürlich versucht. Kellner weichen von der Preisliste ab; Taxifahrer schalten tags den teureren Nachttarif ein (*gece*, zwei rote Lämpchen); Antiquitätenhändler, die sehr wohl wissen, daß die Ausfuhr von Altertümern verboten ist, verkaufen mitunter geschickte Fälschungen. So gewieft viele Händler jedoch auch sein mögen, wirkliche Betrüger sind die Ausnahme, zumindest bei den kleinen und mittleren Geschäftsleuten (↗Geld). Bei diesen ist Unehrlichkeit gleichbedeutend mit *haram*, einem der Vergehen gegen den islamischen Kodex.

Im Notfall sollte jedoch immer die Polizei gerufen oder mit ihr gedroht werden. Eine regelrechte Touristenpolizei gibt es noch fast nirgends. Jedoch sind *polis* (grüne Uniformen), städtische Ordnungsbeamte (blaue Uniformen; z.B. auf Märkten) oder *jandarma* (↗Militär) Ausländern gegenüber äußerst zuvorkommend. Das kann sich ändern, wenn man an einen Rauschgiftspitzel gerät (↗Drogen), von Schiebern unwissentlich als Kurier mißbraucht wird – Vorsicht ist geboten bei grenzüberschreitenden ‚Gefälligkeiten'! – oder einen Unfall mit Personenschaden verursacht.

Besonders im Osten können auch kritische Äußerungen im Zusammenhang mit Kurden und Armeniern gefährlich sein (↗Minderheiten). Der Geheimdienst (M.I.T.) hat nicht wenige Informanten.

Kultur

Anatoliens Erbe ist unermeßlich. Nur ein Zehntel der heute schon rund zweieinhalb Millionen Stücke stellen die 169 Museen aus. In der Provinz mangelt es an Geld und Fachkräften, bei genauerem Hinsehen jedoch auch gerade an solchen Exponaten (in erster Linie armenischem Kulturgut), die sich nicht in die konsequent nationalistische, daher zuweilen etwas abenteuerliche offizielle Geschichtsbetrachtung (↗Wissenschaft, Mythen) einreihen lassen. Einiges, z.B. armenische Kirchen in Ostanatolien, wird erst seit dem Beginn des Tourismus geschützt.

Das einheimische Kulturschaffen findet im Ausland bislang wenig Resonanz. Umgekehrt faßt europäische Musiktradition kaum Fuß in der Türkei (↗Musik): Klassik sowie Oper und Ballett haben bei zwar interessiertem, aber kleinem Publikum ein entsprechend begrenztes Wirkungsfeld. Große Begabungen wie die Opernsängerin Leyla Gencer oder die Pianistin Idil Biret zieht es daher in den Westen.

Anders steht es um Kino oder Theater (↗Literatur): Im Inland geht die Melodramenproduktion glänzend, und international beeindruckten durch authentische Umsetzung türkischer Themen Regisseure wie Yılmaz Güney („Yol"), Ali Özgentürk („At") oder Erden Kiral („Eine Saison in Hakkari"), die mehrfach ausgezeichnet wurden. Die Bedeutung des selbst in der Provinz sehr erfolgreichen Theaters wiederum läßt sich mit seinem Unterhaltungswert allein nicht erklären. Aufführungen von Staats- oder Stadttheatern, Provinz- oder Privatbühnen sprechen ein engagiertes, oft sehr junges Publikum unmittelbarer an als jedes andere Medium. Von Szenenapplaus und Zwischenrufen begleitet, erinnern sie an die osmanische Tradition respektlosen Volkstheaters und kritischer, durch keine Vorzensur zu kontrollierenden Improvisationsbühnen.

Das erste westliche Theater wurde schon 1874 in Bursa eröffnet. Frauenrollen konnten aber bis 1923 nur von verkleideten Männern oder Armenierinnen gespielt werden. Heute sind Türkinnen auf der Leinwand wie auf der Bühne absolut emanzipiert. Superstar ist Yıldız Kenter, Sproß einer Familie mit eigenem Theater. Mit dem Stück „Ben, Anadolu", einer Landeschronik aus der Sicht berühmter Anatolierinnen, gibt sie Gastspiele in der ganzen Welt.

Ein weiteres Privattheater Istanbuls, das Dostlar tiyatrosu ihres Zöglings Genco Erkal, hat sich durch Brecht-Inszenierungen einen Namen gemacht.

▬ Kunst

Arabische Schriftzeichen gelten in der Welt des Islam als unverfälschter Ausdruck von Gottes Wort, denn in ihnen ist die Urschrift des Korans niedergelegt. Zur Kunstform der Kalligraphie, des (genauen Regeln folgenden) ornamentalen Schreibens und Musterbildens entwickelt (↗Symbole), erfüllen sie im Islam als Ergebnis des orthodoxen Abbildungsverbots eine christlichen Heiligenbildern vergleichbare Funktion: sie verweisen auf Göttliches, müssen als Baudekor deshalb auch mindestens in Augenhöhe angebracht werden.

Da der Muslim die Schöpfung nicht nachahmen darf, konnte profane Malerei oder gar Bildhauerei (diese zumal, wirft sie doch, wie der Mensch selbst, Schatten) nicht entstehen. Künstler waren Kunsthandwerker mit hochentwickeltem Sinn für Harmoniebeziehungen ausdrückende Ornamente; ihre Arbeitsplätze zumeist Bauhütten und Manufakturen.

Türkische Künstler leisteten Hervorragendes als Steinmetze und Eisenschmiede, bei der – in Bursa konzentrierten – Erzeugung von Seiden- und Samtstoffen (Teppiche dagegen entstanden in bäuerlicher Heimarbeit; ↗Handwerk), vor allem aber bei der Herstellung von Gefäßkeramik und Fliesen *(çini, fayans)*. Gerade letztere spielten bei der Verzierung von Sakral- und Prunkbauten oder Wohnhäusern der Oberschicht (Kamine) die entscheidende Rolle. In selçukischer Zeit bildeten Keramikintarsien meist zweifarbige (blaue und grüne) Mosaike. Es herrschten Sternmuster vor, Arabesken; es gab sechs- oder achteckige Kacheln mit Goldzeichnung oder Lüsterdekor, einer schillernden, aus Persien stammenden Überzugtechnik. In osmanischer Zeit dagegen kam vielfarbiger, naturalistischer Blumen- und Rankendekor auf, und die Kacheln, jetzt fast nur noch quadratisch oder rechteckig, wurden flächendeckend zu Bildfeldern zusammengefügt. Die berühmtesten Werkstätten lagen in Iznik, vom frühen 17. Jahrhundert an bis in die Gegenwart dann in Kütahya. Die Qualität der Iznik-Zeit wurde jedoch nie wieder erreicht.

Die Ornamente selbst waren, je nach Epoche, meist die gleichen: auf Keramiken, Webarbeiten und Teppichen, als Steinreliefs oder Buchillustrationen. Den nie ganz abreißenden Verbindungen der Türken nach Zentralasien verdanken sie chinesische Einflüsse wie Wolkenbänder, Chrysanthemen oder stilisierte Drachen. Auch Stilisierungen von in nomadischer Zeit bedeutsamen Tieren (Rumi-Motive) waren häufig; Abbildungen von Menschen und Tieren – dem orthodoxen Verbot zum Trotz – weiter verbreitet, als gemeinhin angenommen. Nicht nur in Buchillustrationen im Stil persischer Miniaturen, gerade auch in den gänzlich unhöfischen Malereien des Volkes überdauerten zentralasiatische Traditionen, wie es besonders in den grandiosen Steppenbildern eines Siyah Kalem zum Ausdruck kommt.

Im 19. Jahrhundert gerieten die orthodoxen Vorschriften ohnehin ins Wanken. Das Engagement osmanischer Christen begünstigte die Ölmalerei und die Entstehung von Ateliers, das Militärwesen perspektivische Techniken. Osman Hamdi Bey (1842–1910), Mitinitiator des Archäologischen Museums, der Akademie der Schönen Künste und des ersten türkischen Denkmalschutzgesetzes, wagte es schließlich, mit menschlichen Modellen zu arbeiten und das Alltagsleben der Bevölkerung festzuhalten. Seither, ausgehend von zahllosen Kunsthochschulen und Museen, haben sich Malerei, Graphik und Bildhauerei fest etabliert. Karikaturisten wie Abidin Dino oder Turhan Selçuk zählen auch im Ausland zu den Größten ihres Fachs.

Zu Beginn der Republik gab es viele staatliche Fördermittel, für Bildhauer fast noch mehr als für Kunstmaler. Aufträge für Atatürk-Büsten und -Statuen, die künftig jedes Amtsgebäude schmückten, hatten ja auch einen erzieherischen Wert, da sich Muslime mit der Skulptur, dem Inbegriff des Götzenbildes, besonders schwer taten. Miniaturen waren in Büchern versteckt gewesen, und die erste osmanische Plastik überhaupt, ein Reiterdenkmal eines der letzten Sultane, hatte nur im Serail aufgestellt werden dürfen.

Heute sind Dutzende privater Galeristen und Banken die wichtigsten Mäzene. Eine Biennale in Istanbul (zweite Oktoberhälfte) soll seit kurzem dem Kunstleben weiteren Auftrieb geben.

▬▬ Läden

Gemischtwarenhändler und Barbiere, für das Alltagsleben unverzichtbar, finden sich an jeder Ecke. Zwar nehmen in neuen Städten oder Vierteln Kombinationen aus Läden (Erdgeschoß) und Wohnungen (Obergeschoß) zu, im wesentlichen jedoch sind Wohn- und Einkaufsviertel voneinander getrennt. Als Folge der schon byzantinischen Gildenordnung entstanden in günstiger Lage oder in der Nähe großer Stiftungskomplexe (↗Architektur) Konzentrationen von Straßen und Gassen mit je gleichartigen Waren. Dieser von Lastenträgern *(hamal)* bevölkerte Basar *(çarşı)* war, wie in Istanbul, eventuell überdacht *(kapalı)*, besaß u. U. ein abschließbares Innengebäude *(bedesten)* für die wertvollsten

Waren (früher Seiden, Gewürze; heute Schmuck, Antiquitäten) und führte ringsum zur Entstehung von Karawansereien oder Lagern *(han)*, in denen, wieder nach Gilden oder Herkunft unterteilt, angereiste Händler mit ihren Waren eine sichere Unterkunft fanden.

Im Grunde hat sich daran wenig geändert. Allerdings stehen die überdachten Teile der Basare mehr und mehr im Dienst des Tourismus. Ansonsten ist so ziemlich jede Art von Ware durch einen Straßenzug vertreten, einschließlich der Feinkosthändler *(şarküteri)* und der letzten traditionellen ↗Handwerker.

Moderne oder importierte Waren sind nach dem gleichen Prinzip in neuen *çarşı* untergebracht. An die Stelle der Geschäftsarkaden frommer Stiftungen *(vakıf)* sind dort die Ladenpassagen *(pasaj)* der Stadtverwaltungen getreten. Und der *han* lebt fort als mehrstöckiges Warenhaus mit gemischtem Angebot und verschiedenen Pächtern. Daneben gibt es ↗Märkte und Heerscharen manchmal auch nachts arbeitender Straßenhändler.

Geöffnet sind die Läden in der Regel zwischen 8 und 18 Uhr. Am Sonntag ist alles außer Bäckern *(fırın)*, Konditoreien *(pastane)*, Kiosken, Läden für Knabbereien *(kuru yemişçi)* und einigen Krämern *(bakkal, gıda pazarı)* geschlossen. Der *bakkal* ist der wichtigste. Von Lebensmitteln über allerlei Haushaltswaren bis hin zur Zeitung führt er beinahe alles und versorgt sein Viertel zuweilen bis spät in die Nacht.

Dem System der Basare ordnen sich auch Apotheken und Arztpraxen unter. In Kleinstädten befinden sie sich meist in der Nähe des Krankenhauses (↗Medizin).

▬▬▬ Lebenseinstellung

In einem der Lieblingswitze der Türken überbringt Gabriel Allah eine Unglücksmeldung nach der anderen: Hungersnöte in Afrika, Überschwemmungen in Asien, Erdbeben in Amerika. Von keiner läßt sich Gott aus der Ruhe bringen. Erst als ihm der Erzengel vom Zusammenbruch des Stromnetzes in Istanbul berichtet, sieht er sich seufzend genötigt, helfend einzugreifen: „Immer diese Türken!"

„So Gott will!" *(„inşallah")* – wie in der ganzen islamischen Welt ist es auch in der Türkei zum stehenden Ausdruck für „hoffentlich" geworden. Hoffnungen aber knüpfen sich nun einmal an den lieben Gott; der Glaube an die Möglichkeiten des Menschen war in Jahrhunderten der Unterdrückung und des politischen Niedergangs allmählich verlorengegangen.

Armenier und Griechen – früher die Träger unternehmerischer Initiative (↗Wirtschaft, Minderheiten) – sind weitgehend verschwunden. Seither versucht so mancher Anatolier mühsam, sich vom Bauern zum Unternehmer zu wandeln. Der alte Fatalismus ist dadurch längst nicht passé. Eine große Gelassenheit, die sich wohl am ehesten als Gottvertrauen begreifen läßt, ist vor allem da zu spüren, wo es etwa um Sicherheitsmaßnahmen geht: Baustellen auf Schnellstraßen oder abgesackte Fahrbahndecken markieren, wenn überhaupt, nur ein paar Steine; Kanaldeckel auf Bürgersteigen fehlen einfach; schwindelerregende Aussichtspunkte bleiben ohne Geländer.

Hektik tritt erst im großstädtischen Existenzkampf auf (↗Zeit, Stadt- und Landleben). Hat man es jedoch geschafft, und sei es auf einer noch so bescheidenen Ebene, ist die Versuchung gleich wieder sehr groß, die Arbeit als solche anderen zu überlassen und das Erworbene patriarchalisch zu verwalten. Ein riesiger Schreibtisch, ein Würde ausstrahlendes Porträt von sich selbst an der Wand, geklärte Familienverhältnisse und reichlich menschliche Gesellschaft – für den *keyif*, einen unübersetzbaren Zustand tiefsten Wohlbehagens, ist es vielen mehr als genug.

Literatur

Der schillernde Abenteurer und Weltreisende Evliya Çelebi (1611–1682) gibt mit seinem „Fahrtenbuch" einen der ersten lebendigen Einblicke in die osmanische Welt seiner Zeit.

Nach ihm entwickelte sich eine nennenswerte, schriftlich festgehaltene Erzählprosa erst im 19. Jahrhundert. Wichtigstes Ausdrucksmittel gebildeter Künstler war bis dahin die auf osmanisch verfaßte Divanpoesie (↗Sprache). Sie ging schließlich unter in Nachahmungen hauptsächlich französischer Literatur.

Roman und Lyrik im Sinne der Moderne begannen erst mit der Einführung des Türkischen als Schriftsprache zu blühen. Auf der Suche nach neuen Stoffen und Techniken besannen sich die Autoren vor allem auf die reichen, mündlich überlieferten Erzähltraditionen des Volkes. Deren Bogen spannt sich von großartigen Epen (*Dede Korkut*, zurückreichend bis ins 10. Jahrhundert) über die mystisch inspirierte Poesie fahrender Sänger (*Yunus Emre*) bis hin zu Märchen, Schattenspielen (*karagöz*) oder theaterähnlichen, dörflichen Ritualen.

Als Begründer der Moderne in der nationalen Literatur gelten Halide Edip/Adıvar (1884–1964) und Yakup Kadri/Karaosmanoğlu (1889–1974); unter den Dichtern Nâzım Hikmet (1902–1963) und Orhan Veli/Kanık (1914–1950).

Frühe Meister der Kurzgeschichte waren Sabahattin Ali (1907–1948) und Sait Faik (1906–1954). Sie befaßten sich mit dem Leben der kleinen Leute Anatoliens bzw. Istanbuls und nahmen damit einen sozialkritischen Realismus vorweg, der bis heute beherrschendes Thema ist: In der Chronik des Dorflehrer Mahmut Makal („Unser Dorf in Anatolien", 1950); in den Arbeiterromanen Orhan Kemals; in den Satiren eines Aziz Nesin; im weiten Feld der Gastarbeiterliteratur; in den Büchern von Autorinnen wie Füruzan oder Latife Tekin; und weltweit am bekanntesten in den grandiosen, erzählerisch prallen Epen eines Yaşar Kemal. Sehr erfolgreiche jüngere Schriftsteller wie Orhan Pamuk müssen sich zum Teil sagen lassen, zu sehr den Westen zu kopieren.

Türkische Schriftsteller haben mit gewaltigen wirtschaftlichen Problemen zu fechten; trotz der Größe der Bevölkerung ist die Zahl der Neuerscheinungen weit geringer als z.B. in Griechenland. Politisch kann ihr Beruf sogar ausgesprochen gefährlich sein; selbst der PEN-Club wird immer wieder verboten. Aziz Nesin, in seinem Engagement eine Art Heinrich Böll unter den türkischen Autoren, gab einem seiner Bücher einmal das bittere Vorwort, es sei durch Literaturpreise und mehrjährige Gefängnisaufenthalte seines Verfassers mehrfach ausgezeichnet. Dennoch ist das literarische Leben ungeheuer lebendig und von internationalem Rang. Einen guten Überblick verschafft Yüksel Pazarkaya, „Rosen im Frost", Zürich 1982.

Ein türkischer Brief aus Berlin an den deutschen Freund in Istanbul

Lieber Peter,
du weißt, die Tage in Berlin sind nun wieder lang,
in den Straßen duften die Linden,
ein Wetter, wie ich es liebe.

Heute haben wir dich nach Istanbul verabschiedet,
hinein in das Straßengewirr, laut, heiß, schmutzig,
hinein in das Achtmillionenchaos.

Zerstreut, liebenswert,
aufgeregt und kindlich,
müde davon, die Trümmer der Mauer, die du einst
in Träumen eingerissen hattest,

jetzt aus dem Kopf zu räumen.
So warst du beim Abschied.

Deinen Computer, Schatztruhe deiner Wörter,
trugst du in einer Nylontasche über der Schulter.
Das Innere dieser wundersamen Maschine
interessierte die Sicherheitsbeamten mehr als dein Paß.

Jetzt schaust du aus der Ferne auf Berlin:
von Cihangir aus blickst du auf den alten Hafen
und hinüber nach Asien,
auf die Selimiye-Kaserne, in jene Richtung,
in die auch Berlin nun seinen Blick gewendet hat,
noch weiter nach Osten.

Ich sitze im Angora, in der Schlüterstraße,
winke Istanbul sehnsüchtig zu,
das mir immer näher rückt.
Was ist nur Traum und was Wirklichkeit?

Ach, es sind soviele Bilder,
soviele und immer die gleichen,
die gleichen und doch immer andere,
mit uns allen, alle sind wir darin...
Ich werde traurig und stumm.

Werden sich Istanbul und Berlin wiedererkennen,
wenn sie sich einmal auf ihrer Reise begegnen,
an einem unausweichlichen Punkt?
Oder werden sie einander Fremde sein, sich selbst verloren,
Aufgabe und Weg in der Geschichte verfehlen?

Berlin, Samstag, 30. 6. 1990

Aus: Aras Ören, Peter Schneider, „Wie die Spree in den Bosporus
fließt: Briefe zwischen Istanbul und Berlin".

Machismo siehe Frauen allein unterwegs, Familie, Kleidung, Statussymbole

Märkte

Neben den Basaren (↗Läden) dienen der Versorgung der Bevölkerung noch Markthallen *(hal)*, Volksmärkte *(halk pazarı)*, Wo-
chenmärkte *(pazar)* und fliegende Händler. Markthallen für Obst
und Gemüse liegen entweder im Basar oder am Ortsrand. Sie sind

Eine kurdische Frau mit Kind aus
dem *Mercan*-Gebirge in Ostanatolien. Die blauen Halsketten gelten
als Glücksbringer

Simit-verkaufender Junge – ein Beitrag zum Lebensunterhalt der Familie

Einen Genuß für Gaumen und Auge bieten die farbenprächtigen Basare

sehr billig, verkaufen jedoch häufig nur en gros. Volksmärkte, in der Regel für Lebensmittel aller Art, sind äußerst günstige, von den Stadtverwaltungen kontrollierte Dauereinrichtungen mit festen Preisen.

Bei der Bevölkerung am beliebtesten ist der einmal pro Woche in jedem Stadtviertel abgehaltene *pazar*. Er ist kunterbunt und bietet über frisches Obst und Gemüse hinaus ein vielfältiges Angebot an Billigwaren und Selbsthergestelltem der Bauern. Während die Preise für Obst und Gemüse angeschrieben sind (Einkaufs- und Verkaufspreis), wird um das übrige nach Kräften gefeilscht (↗Einkaufen und Handeln). Schluß, wie auch bei uns, ist gegen Mittag.

Zudem überfluten jede Stadt oft illegal arbeitende Straßenhändler (↗Armut). Sie verkaufen die Waren ihrer Handkarren zu Tiefstpreisen und kündigen sich schon von weitem durch langgezogene Rufe an. Dabei hängen sie an ihren Verkaufsartikel (z. B. *üzüm* – Traube) lediglich eine Silbe an – und fertig ist die Berufsbezeichnung (*üzümcü* – Traubenverkäufer).

Medien

Die erste türkische Zeitung erschien 1831. Das heutige Angebot ist gewaltig, wenn auch immer dieselben Konzerne dahinterstehen. Die Leserschaft liegt unter 3,5 Mio. Ihr Interesse gilt großenteils Sensationen (Hürriyet; Auflage ca. 700 000), Sex & Crime und Fotoromanen (Tan, Güneş, Günaydın; Auflagen zwischen 700 000 und 250 000) sowie großangelegten Leseraktionen.

Seriösen Journalismus betreibt im wesentlichen die Cumhuriyet (ca. 100 000). Seit ihrer Gründung (1924) durch Yunus Nadi, einen engen Freund Atatürks, verteidigt sie kämpferisch dessen Linie, was der Redaktion regelmäßig Ärger, teils auch Verhaftungen einträgt. Zensur, so heißt es offiziell, finde nicht statt, sofern es nicht die Sicherheitsinteressen des Staates berühre; fast immer freilich trifft dies für die Berichterstattung aus den östlichen Landesteilen zu (↗Minderheiten). Die liberale Milliyet (ca. 250 000) versucht Seriosität und Popularität unter einen Hut zu bringen. Kennzeichnend für den türkischen Leser ist es jedoch eher, zusammen mit dem Boulevardblatt noch ein weltanschauliches zu erwerben. Die Fundamentalisten kaufen Türkiye oder Millî Gazete, die Rechten Tercüman. Kommunistisches ist verboten. Daneben gibt es griechische (Apoyevmatini), armenische (Jamanak), jüdische (Schalom) Zeitungen sowie die englischsprachige regierungsnahe Turkish Daily News.

Das Fernsehen wurde 1963 mit deutscher Hilfe (PAL-System) als öffentlich-rechtliche Anstalt gegründet. Die jeweilige Regierung hat die neuerdings fünf Programme jedoch fest im Griff. Eines davon (TRT 5) ist international, ein anderes (GAP) ausschließlich für den Südosten bestimmt. Am bisher einzigen Privatsender ist maßgeblich ein Sohn Turgut Özals beteiligt.

Die drei staatlichen Rundfunksender senden im dritten Programm (TRT 3) im Dreistundentakt englische, französische und deutsche Nachrichten. Für lokale Belange sind zusätzlich rund 50 Anstalten eingerichtet.

▉▉▉ Medizin

Auf der einen Seite gibt es klassische Heilkundige *(hoca)* sowie die seit alters geschätzten Heilquellen *(kaplıca)*, auf der anderen Seite das staatliche Gesundheitswesen. Der *hoca* – eigentlich jeder, der Wissen vermittelt, unabhängig vom Bereich; ↗Wissenschaft –, teils mit Diplom als hauptberuflicher Naturheilkundiger im Sinne des Islam ausgewiesen (mit eigener Praxis, streng nach Frauen und Männern getrennt), teils bäuerlicher Heilpraktiker für Mensch und Vieh, spielt als Konkurrent zu Ärzten nur noch in unterversorgten Dörfern eine Rolle. Im Zwischenbereich zur Wunderheilung (↗Aberglaube), aber auch da, wo westliche Schulmedizin versagt, wird er selbst in der Stadt häufig konsultiert.

Das staatliche Gesundheitswesen koordiniert ein zentrales Ministerium auf drei Ebenen: 1) Das Gesundheitsamt der Provinzhauptstadt mit einem Krankenhaus *(hastane)*; 2) Gesundheitseinheiten in den Unterprovinzen mit Ärzten *(doktor)* und Schwestern *(hemşire)*; 3) Erste-Hilfe-Stationen *(sağlık ocağı)* mit Hebammen *(ebe)*, in Zukunft auch mit wenigstens einem Arzt.

Alle medizinischen Einrichtungen sind am Roten Halbmond (islamisches Pendant zum Roten Kreuz) zu erkennen.

Der Ausbildungsstand der Ärzte kann sich durchaus sehen lassen; es gibt aber zu wenige (1986: ein Arzt auf ca. 1500 Einw.). Im Osten (ein Arzt auf 6000–8000 Einw.) leisten junge Ärzte eine Art Pflichtdienst; ist dieser vorüber, zieht es sie mit ihren Familien rasch wieder in den Westen zurück. Die besten unter ihnen gehen zudem in Privatkliniken; Arbeitsbedingungen und Bezahlung sind dort erheblich besser, entsprechend teuer auch die Kosten für eine Behandlung. Allerdings werden sie von Europäern noch immer als sehr niedrig empfunden.

Alte Menschen, daneben geistig oder körperlich Behinderte, werden fast ausschließlich von der eigenen Familie betreut. Altenheime oder Heilanstalten sind so rar, daß im Zweifelsfall die Pflege weit entfernte Verwandte übernehmen. Menschen mit rein körperlichen Gebrechen bekommen in der Regel einen Ehepartner vermittelt (↗Sexualität). Geistig Behinderter schämt sich keiner; auf dem Land sind sie häufig als Hirten beschäftigt.

Für die einkommensschwache Bevölkerung ist die Lage prekär. Zwar ist die Behandlung in den staatlichen Einrichtungen kostenlos (Impfaktionen und Seuchenbekämpfung sind sehr erfolgreich), Medikamente aber müssen dennoch bezahlt werden, da kaum einer versichert ist (↗Sozialversicherung, Armut). Betten sind knapp, Wartelisten für Operationen sehr lang. Häufig helfen Angehörige mit Verpflegung und Betreuung. Die Summe, die man in dringlichen Fällen aufbringen müßte, um beizeiten an die Reihe zu kommen, entspricht häufig dem, was Ärzte in Privatkliniken verlangen.

Um die Arztkosten zu sparen, wenden sich viele gleich an Apotheken (*eczane*; ↗Läden). Das Angebot meist westlicher Pharmaprodukte ist breit, preisgünstig, und selbst bei heiklen Dingen wird selten ein Rezept verlangt. Homöopathisches gibt es selten.

Darmerkrankungen treten relativ oft auf. Mangel und unzureichende Hygiene mögen dabei gerade im Südosten eine Rolle spielen; im gleichen Zusammenhang sind auch Hauterkrankungen wie Mykosen oder lokale bakterielle Infektionen zu sehen. Im Grenzgebiet zu Syrien flackert immer wieder Malaria auf.

Zwischen Deutschland und der Türkei besteht ein Abkommen über soziale Sicherheit. Die Versicherungen erteilen Auskunft, wie man eigene Aufwendungen zurückerstattet bekommt. Eine zusätzliche Auslandskrankenversicherung (Luftrettung) sowie eine Tetanusvorsorge sind aber in jedem Fall zu empfehlen.

Militär

Mit ca. 700 000 Soldaten besitzt das NATO-Mitglied Türkei die zweitgrößte Landstreitmacht des westlichen Bündnisses. Ausdrücklich hat sie Atatürk zur Hüterin seines Erbes bestimmt. Militärputsche in den Jahren 1960, 1971 und 1980 wurden stets entsprechend begründet. Der letzte, von der Bevölkerungsmehrheit durchaus begrüßt, war möglicherweise auch gegen islamistische Tendenzen unter den eigenen Offizieren gerichtet.

Gerade der einfache Soldat (Kosename: *Mehmetçik*) wird überall geachtet. Er absolviert, fast ohne Sold, eine harte, 18monatige Wehrpflicht (Reservisten bis 45 Jahre) fern seiner Heimatprovinz. Prinzipiell ist dies auch in der allseits präsenten *jandarma* möglich, die polizeiliche Aufgaben sowie solche des Zivil- und Katastrophenschutzes übernimmt.

Infolge der hohen Geburtenrate kann man sich mittlerweile gegen Zahlung von rund 20 000 DM befreien lassen, nicht jedoch von der Grundausbildung. Abgesehen davon, daß die meisten so viel niemals aufbringen können, schätzen sie Ansehen, medizinische Betreuung und Bildungsmöglichkeiten, die mit der Dienstzeit verbunden sind.

Zwei Drittel der Truppen stehen im unruhigen Osten. Riesige, aus Steinen zusammengefügte Parolen in der Nähe von Kasernen (*önce vatan* – zuerst das Vaterland; *ne mutlu Türküm diyene* – glücklich, wer ein Türke ist) verweisen auf das politische Programm. Wer es in Frage stellt, macht äußerst unangenehme Erfahrungen. Finanziert wird die Armee durch den Staat (inoffiziell bis zu 20% des Budgets) und eine 1974 gegründete eigene Holding (OYAK).

Im Rahmen der NATO unterhalten die USA große Stützpunkte z.B. in Incirlik bei Adana und Sinop am Schwarzen Meer (⤴Polizeikontrollen).

■ Minderheiten

Formell besteht in der Türkei seit 1923 (Lausanner Friedensvertrag) Minderheitenschutz für nicht-muslimische Volksgruppen; diese sind berechtigt, muttersprachliche Schulen, Vereine und Publikationen zu unterhalten.

Die ehemalige griechische Bevölkerung von etwa 1,3 Mio. ist, bis auf die Gemeinde des griechisch-orthodoxen Patriarchen in Istanbul, seit dem türkischen Befreiungskrieg (1920–22) und dem Zypernkrieg (1974) praktisch ausgewandert.

Auch die Armenier *(ermeni)* sind aus ihrer ursprünglichen Heimat weitgehend verschwunden, abgesehen von wenigen Rückzugsgebieten, die sie mit Kurden und Assyrern teilen. Ihre vermutlich aus dem Balkan stammenden indoeuropäischen Vorfahren hatten teil am sogenannten Seevölkersturm (etwa 1200 v. Chr.). Sie durchwanderten Anatolien von West nach Ost und beherrschten, unter persischer Oberhoheit, im 6./5. Jh. v. Chr. ein Gebiet, das sich vom Kaspischen Meer bis fast ans Mittelmeer erstreckte. Unter Einflüssen Persiens und Urartus (⤴Geschichte, Wissenschaft), dessen Nachfolge sie angetreten hatten, entwickelte sich ihre kulturelle Identität. Armenier (Eigenbezeichnung „Hay") wurden Goldschmiede und Baumeister; sie konstruierten kühne Bewässerungssysteme. 301, noch vor Rom, erhoben sie das Christentum zur Staatsreligion; wenig später entwickelten sie eine am griechischen Alphabet orientierte Schrift – Voraussetzung ihrer eigenständigen Literatur und Theologie. Neben der bäuerlichen kam es zu einer hohen höfischen Kultur. Später, insbesondere unter den osmanischen Türken, wurden Handel, Diplomatie und Kunst armenische Domänen.

Unabhängigkeit war für das armenische Reich immer nur kurzfristig; Perser, Römer, Makedonier, Seleukiden, Byzantiner, Araber, Selçuken, Osmanen und Russen lösten einander in der Vorherrschaft ab. Als monophysitische, also aus Sicht der Orthodoxen wie der Römisch-Katholischen nicht rechtgläubige Christen (Konzil von Chalkedon 451) dürften die Armenier der vergleichsweise toleranten Integrationspolitik der muslimischen Sultane den Vorzug gegeben haben.

Um so erschreckender die Vorgänge während des Ersten Weltkriegs. Unterstützt vom Deutschen Kaiserreich, Koalitionspartner im europäisch-vorderasiatischen Mächtespiel, hatte sich das Regime der „Jungtürken" seit 1908 daran begeben, u.a. mit strikten Nationalisierungsmaßnahmen den wirtschaftlich, militärisch und politisch darniederliegenden Vielvölkerstaat neu zu festigen. Dieses Konzept führte aber zwischen 1915 und 1918 (mit Wissen der deutschen Regierung) auch zur planmäßigen Vertreibung und Vernichtung von etwa 1,5 Millionen Armeniern. Der unbewältigte Konflikt sorgt noch in der modernen Türkei für ein Klima tiefen gegenseitigen Mißtrauens.

Eine weitere Minderheit der Türkei bilden die (neu-)aramäisch sprechenden Assyrer, die sich auf die Assyrer, Babylonier und Chaldäer Alt-Mesopotamiens zurückführen. Eines der ältesten christianisierten (und, bevor die Mongolen unter Dschinghis Chan und Timur Lenk sie im 13. und 14. Jh. nahezu auslöschten, bis nach China missionierenden) Völker überhaupt, vereinigt es in sich vier Konfessionen: Nestorianer und Chaldäer, Syrisch-Orthodoxe (Jakobiter) und Syrisch-Katholische. Ihre Klöster und wehrhaft erbauten Kirchen sind zahlreich erhalten, doch haben sich die Gemeinden drastisch verringert: Einige Zehntausend Assyrer (ca. 2 Mio. im Nahen Osten) leben auf überwiegend kurdischem Gebiet in Ostanatolien, im Bergland von Hakkari, in Mardin und Midyat. Nachdem sie unter dem Eindruck von Nationalisierung und Islamisierung mit der russischen Seite paktiert hatten, wurden in den ersten Kriegsjahren seit 1914 Hunderttausende schonungslos verfolgt. Heute sind schwierige Lebensbedingungen in ihren Siedlungsgebieten und die religiöse Randsituation Ursachen für anhaltende Abwanderung, u. a. nach Deutschland.

Einige tausend Zigeuner *(çingene)*, fahrend oder seßhaft, leben traditionell als Musiker, Schausteller, Kesselflicker oder Korbflechter. An der östlichen Mittelmeerküste werden sie manchmal „Kopt" genannt. Der Name wie auch ihre Herkunft, so die Annahme, gehe auf die Kopten Ägyptens zurück.

Die indoeuropäischen Kurden *(kürt)* gehören zur iranischen Sprachfamilie und bevölkern seit Jahrtausenden in Nomadenstämmen das asiatische Hochland. Zwischen 7. und 10. Jh. islamisiert, gehören sie überwiegend zu den Sunniten, doch gibt es auch alevitische (⟋Religion) und yesidische Gruppen (deren Geheimreligion wohl zoroastrische mit jüdischen, christlichen, islamischen und sogar buddhistischen Elementen verbindet).

Mit 20–25 Millionen Menschen sind die Kurden heute im Nahen Osten das viertgrößte Volk und weltweit das größte staatenlose. In der Türkei stellen sie bei einer Gesamtbevölkerung von 50,6 Mio. mit 10–15 Mio. nach den Türken die zweitgrößte ethnische Gruppe. Durch den Verlauf der politischen Grenzen seit dem Ersten Weltkrieg auf den Irak, Syrien, den Iran, kaukasische Länder und die Türkei verteilt und in ihrer Wanderbewegung behindert, sind sie heute größtenteils seßhaft. Gegen rigorose Assimilierungsversuche – in der Türkei seit Atatürk – setzen sie sich rigoros zur Wehr; die kommunistische Widerstandsgruppe in der Türkei ist die PKK (Arbeiterpartei Kurdistans). Hintergrund der Entwicklung dieses Linksextremismus war auch die jahrzehntelange systematische ökonomische Vernachlässigung der kurdischen Regionen in Ostanatolien seitens der Regierung (– nicht selten übrigens im Einverständnis mit kurdischen Großgrundbesitzern, denen an der Erhaltung des status quo gelegen ist –); für die ländliche Bevölkerung bedeutete sie teils extreme infrastrukturelle, technologische, bildungsmäßige und medizinische Unterversorgung. Viele sahen sich gezwungen, unter endgültiger Preisgabe ihrer Identität in die Ballungsgebiete abzuwandern.

Ambitionierte Erschließungsprojekte im Osten und Südosten sollen die strukturschwachen Gebiete nun fördern und auch dem Guerillatum den Boden entziehen. Besondere Hoffnungen wecken Entwicklungen in der türkischen Öffentlichkeit. In die programmatische Einheit und Unantastbarkeit von Staat und Territorium (derzufolge man etwa Kurden lange Zeit im offiziellen Sprachgebrauch zu „Bergtürken" machte) geht offensichtlich ein neues Verständnis von Nation ein, das sich mit der Existenz verschiedener ethnischer und sprachlicher Gruppen in der Türkei vereinbaren läßt. Zwar gilt noch das Separatismusgesetz, zwar ist „Propaganda" für kulturelle oder politische Autonomie höchst strafbar, doch sprechen die Aufhebung des Verbots der kurdischen Sprache (1991), die neue Selbstverständlichkeit von Büchern und Zeitschriften kurdischer Herkunft oder Thematik und die angekündigte Bekämpfung der Folter für den politischen Willen zu uneingeschränkter Gültigkeit der Menschenrechte.

Der berühmteste aller Kurden ist zweifellos Salah ad-din (Saladin), Sultan von Ägypten und Syrien, Eroberer Jerusalems (1187), Figur in G. E. Lessings „Nathan der Weise". Berühmte Kurden der Moderne sind der Soziologe Ziya Gökalp (1876–1924), die Schriftsteller Yaşar Kemal (➚Literatur) oder Ahmet Arif, der Regisseur Yılmaz Güney („Yol"); populär die Sänger Ruhi Su oder Ibrahim Tatlıses (➚Musik).

Die türkischen Juden *(yahudi, musevî)* Istanbuls sind meist Sephardim, die Sultan Beyazıt II. nach ihrer Vertreibung aus Spanien (1492) in seine Hauptstadt rief. Bis heute sprechen sie Ladino, den Dialekt aus dem Spanien ihrer Vorfahren.

Weitere Minderheiten seien zumindest erwähnt: die v. a. in Hatay lebende arabische Bevölkerung; die islamischen Tscherkessen, die 1854/64 aus dem Kaukasus nach Ost- und Mittelanatolien einwanderten; die ebenfalls kaukasischen Volksstämme der Lasen und Georgier, die jedoch zahlenmäßig in der Türkei nur schwach vertreten sind.

Moralkodex

Der ehrbare Muslim durfte in alter Zeit nicht einmal die eigene Ehefrau grüßen, wenn er ihr, genauer gesagt: dem Tuch, das sie verhüllte, auf der Straße begegnete. Das Heil des Gemeinwesens und des Einzelnen waren im Islam stets untrennbar verbunden, Anstand und Sitte damit niemals nur eine Privatangelegenheit.

Dies gilt im wesentlichen auch heute noch. Zwar müssen sich Eheleute auf der Straße nicht mehr übersehen, aber Zärtlichkeiten oder Umarmungen sind tabu. Eingehakt zu gehen erregt in manchen Gegenden bereits Aufsehen; händchenhaltenden Jugendlichen drohen sogar Verweise durch die Polizei. Verstöße gegen die geltende Moral werden als *ayıp* (schändlich) bezeichnet. *„Ayıp!"* ist zugleich die beste Antwort auf Anzüglichkeiten und Belästigungen, da diese für den in die islamische Sittenlehre eingebundenen Menschen eine der gröbsten Ehrverletzungen bedeuten (↗Beleidigungen).

Die Ehre nach außen zu verteidigen ist Sache des Mannes (↗Familie), sie nicht zu beschmutzen die aller, wobei der Frau als potentieller Verführerin in sexueller Hinsicht (↗Sexualität) die größere Verantwortung übertragen wird. Als moralisch untadelig (man sagt hier *temiz*, eigentlich: sauber) gilt diejenige, die in Gebaren (↗Tabus) und Kleidung Aufreizendes vermeidet (↗Frauen allein unterwegs). Männer ihrerseits machen sich in kurzen Hosen unmöglich. Die Frau zeigt im Idealfall möglichst wenig Haut und dürfte eigentlich auch keinen Badeanzug tragen, weshalb Mädchen aus strenggläubigen Familien kaum je einmal schwimmen lernen (↗FKK/Nacktbaden).

Im modernen, städtischen Milieu ist diese Verknüpfung von Badekleidung und Amoralität heute aufgehoben (Atatürk ließ in Jugendparaden Mädchen zum Entsetzen ihrer Eltern in Shorts antreten), nicht aber im ländlichen. Selbst in Deutschland werden türkische Mädchen auf Wunsch ihrer Familie immer wieder vom Schulsport befreit.

Musik

Die ganz große gesellschaftliche Anerkennung blieb ihr versagt – die islamische Orthodoxie verdächtigte sie stets der Nähe zur Sinnenlust. So konnte sie nie eine Rolle wie z. B. in der christlichen Kirche spielen. Byzantinische, persische und türkische Traditionen haben dennoch eine reiche Kunstmusik entstehen lassen. Sowohl weltlicher wie religiöser Musik liegt das Modalsystem der *makam* zugrunde, gekennzeichnet durch 24 ungleiche Tonschritte, eine besondere Bewegung der Melodie, starke Modulation, teils unregelmäßige Taktarten und Improvisationen im Rahmen eines Themas. Immer wiederkehrende Instrumente sind Schellentrommeln *(def)*, Zithern *(kanun)*, Pauken *(kudüm)*, Rohrflöten *(ney)* und die Kurzhalslaute *(ut)*.

Frühere interessierte Hinwendung zu europäischer Klassik weicht zunehmend staatlicher Förderung genuin türkischer Kunstmusik.

Der Volksmusik mit ihren oft melancholisch getragenen Flöten- und Dudelsackweisen der Hirten sowie den ↗Tänzen gehört das weite Feld der *uzun hava*, der Gemütsbewegungen an. Vom sehnsüchtigen Liebeslied bis zum Volksepos reicht die Ausdrucksskala des Sängers, der, oft sich auf der Langhalslaute *(saz)* begleitend, mit gepreßter Stimme und starkem Vibrato singt. Bei den Kurden kommen Wechselgesänge hinzu, die zu einem Sängerwettstreit geraten können.

Die alten Lieder werden zu Recht als Volksgut bezeichnet; kaum einer, der sie nicht mitsingen könnte. Auch moderne Mischformen sind populär: die *arabesk* à la Ibrahim Tatlıses (bei Arbeitern); die hochartifizielle *sanat müziği* eines Zeki Müren (↗Homosexualität); die *türkü* eines Zülfü Livaneli, Ahmet Kaya (bei Studenten) oder die teils mystischen, teils politischen Lieder des Barden Ruhi Su.

Ein nur geringes Publikum finden Komponisten wie Ulvi Cemal Erkin oder der eng mit Béla Bartók befreundete Ahmet Adnan Saygun („Yunus Emre Oratorium"). Mit Unterstützung der Regierung und staatlicher Konservatorien versuchen sie Elemente türkischer Kunst- und Volksmusik in polyphone, an europäischer Klassik ausgerichtete Orchesterwerke zu integrieren.

Übrigens: Einmal zeigte sich auch Europa lernwillig: Triangel und Militärtrommel in unserem Orchester gehen direkt auf die osmanischen Militärkapellen *(mehter)* zurück.

Mythen

Euphrat und Tigris entspringen in Ostanatolien. Das Alte Testament überliefert, daß ihre Quellen den Garten Eden bewässerten – für heutige türkische ↗Wissenschaft ein Hinweis mehr, daß es sich bei Adam und Eva um Anatolier gehandelt habe. Einmal in Mesopotamien seßhaft geworden, hätten sich diese Völker im Mythos vom Paradies die Erinnerung an ihre einstige Heimat bewahrt. Tatsache ist, daß Kleinasien, wie das Gebiet seit der Römerzeit auch genannt wird, den angrenzenden Hochkulturen so manches Rätsel aufgab. Es diente ihnen als eine Art Unterbewußtsein; hier suchten sie Antwort auf die Fragen nach ihrer Identität, hier ließen sie ihre Helden die unglaublichsten Abenteuer bestehen. Mehr als zwanzig Orts- und Völkernamen im Alten Testament verweisen darauf. Bis heute lebendig sind die Erinnerungen an die Arche Noah (auf den Ararat sind nur die Europäer fixiert; Muslime ziehen den Cudi vor, einen Berg an der türkisch-syrischen Grenze) und die Familie Abrahams. Die Söhne Jakobs, Stammväter der zwölf Stämme Israels, kamen demnach in Harran, nahe bei Urfa, zur Welt.

Für die Griechen gilt im Grunde desselbe. ,Tantalos-Qualen' litt zuerst ein hiesiger König; hinter der feuerschnaubenden Chimäre verbirgt sich wohl brennendes Erdgas an der lykischen Küste; unzählige geographische Begriffe wie Bosporus oder Hellespont entstammen dem Sagenkreis der frühen Besiedlungsgeschichte. Religionen und Wissen des Alten Orients wurden den Griechen hauptsächlich durch Anatolien vermittelt. Manches durchlief dabei wundersame Verwandlungen, ohne sich im Kern zu ändern. Berühmtestes Beispiel ist Kybele, eine uralte anatolische Muttergottheit. Unter den Griechen nahm sie den Namen Artemis an; ihr Tempel bei Ephesos zählte zu den Sieben Weltwundern. Der Apostel Paulus, so heißt es, hätte sich wenige Freunde gemacht, als er den Artemiskult als heidnisch verbieten wollte. Da ist es wohl kein Zufall, daß die christliche Überlieferung Maria, die Mutter Gottes, ausgerechnet in Ephesos sterben ließ. Ihre Kapelle ist bis in die Gegenwart für Christen und Muslime ein vielbesuchter Wallfahrtsort geblieben.

Namen und Titel

Eine der am Westen orientierten Neuerungen Atatürks war die Einführung von Familiennamen. Sein eigener (*Atatürk* – „Vater der Türken") wurde ihm ehrenhalber verliehen. Alle übrigen durften ohne wesentliche Auflagen gewählt werden.

In der förmlichen Anrede wollen sich „Herr" (*„bay"*) und „Frau" (*„bayan"*) jedoch nicht so recht durchsetzen. Üblich ist es, hinter den Vornamen ein *„hanım"* („Frau") bzw. ein *„bey"* („Herr") zu setzen. Hochgestochen städtisch kann man den Vornamen auch weglassen und nur *„hanımefendi"* („Gnädige Frau") bzw. *„beyefendi"* („Gnädiger Herr") sagen.

Sind zwar alte Ehrentitel verschwunden (wie etwa Atatürks Generalstitel *Paşa*, dem Eigennamen Kemal nachgestellt), so werden doch meist im Alltag die Vornamen, da sie nichts über die gesellschaftliche Position aussagen, weggelassen (⤳Höflichkeitsformen). Man spricht gleichsam per Status miteinander (*„hocam"* – „mein Lehrer"; *„memur bey"* – „Herr Beamter" etc.) oder per Verwandtschaftsgrad, ohne dabei tatsächlich miteinander verwandt sein zu müssen. Dies erleichtert auch die höfliche Anrede von Fremden. So kann jeder eine etwa gleichaltrige Frau getrost als *„abla"* („ältere Schwester") ansprechen; einen Mann als *„ağabey"* („älterer Bruder"). Bei größeren Altersunterschieden passen *„teyze"* („Tante"), *„amca"* („Onkel") oder gar *„dede"* („Großvater"). Die Anwendung der zahlreichen (nach Mutter- oder Vaterlinie unterschiedenen) Benennungen ermöglicht Schmeicheleien, aber auch Herabsetzungen.

Selbst Eltern rufen ihre Kinder eher *„kızım"* („meine Tochter") oder *„oğlum"* („mein Sohn") als beim richtigen Namen. Dabei besitzen sie oft deren zwei: einen Ehrennamen nach weltlichen oder islamischen Berühmtheiten und den eigentlichen Rufnamen. Dieser kann in blumiger Ungezwungenheit frei erfunden sein, ist aber zuweilen auch eine Beschwörung: Yaşar (er wird leben) heißt etwa das Kind, das nach einer Reihe von Totgeburten zur Welt kommt; Yeter (genug), wenn dem Kindersegen nun ein Ende gesetzt werden soll. Bei den nichtsunnitischen Muslimen (↗Religion) kommen Namen wie Ayşe oder Omar (Ömer) nicht vor. Omar gilt ihnen als Usurpator des Ali zustehenden Kalifats; und Ayşe, Mohammeds Witwe, zog gar gegen Ali in den Krieg. Ali, Mohammeds Schwiegersohn, geht den Alevî in seiner Bedeutung noch über Mohammed hinaus.

Patriotismus

„Türke" galt in der alten Vielvölkergemeinschaft als herabsetzend, das Wort erinnerte an die Lebensweise der einstigen asiatischen Eroberer, an Nomadentum und ungeschliffene Sitten (↗Geschichte, Gesellschaft). Nein – galt man etwas, war man schlicht Muslim oder, selbst als Christ, Osmane. Diese Einschätzung verkehrte sich im 19. Jahrhundert Zug um Zug ins Gegenteil. Militärische Niederlagen und Gebietsverluste des Osmanischen Reiches wurden der Illoyalität der dem Großreich einverleibten Völker zugeschrieben. Parallel zum aufkommenden Nationalismus in Europa begann man mehr und mehr auf eine rein türkische Nation *(milliyet)* sowie ein türkisches Vaterland *(vatan)* zu setzen. Allerdings blieb die Bevölkerungszusammensetzung selbst im Kernland Anatolien problematisch. Man behalf sich, indem man die Bezeichnung „Türke" nicht über die Abstammung definierte (↗Wissenschaft), sondern durch gemeinsame Sprache und Kultur, durch innere Einstellung und Bekenntnis. Hierauf verweist die türkische Regierung z. B. in der Kurdenfrage immer wieder.

Nach einem ersten Versuch unter den „Jungtürken" gelang es ↗Atatürk 1923, den Nationalstaat zu verwirklichen. Dessen Hypotheken sind bis heute tiefes Mißtrauen zwischen Türken und Armeniern (↗Minderheiten), nationalistische Maßlosigkeiten – etwa „Graue Wölfe" (↗Türken) mit ihrem Traum einer Vereinigung türkischer Völker von Zentralasien bis Europa –, dazu die Infragestellung durch Separatisten oder islamische Fundamentalisten. Insofern ist das Nationalgefühl bis heute von Überempfindlichkeit geprägt. Im Bewußtsein einer noch jungen, unter großen Opfern errungenen Identität werden die Symbole dieses Kampfes für heilig erachtet.

Ausländer sollten sich darüber stets im klaren sein, auch wenn ihnen der Kult um Atatürk, Hymne und Fahne, ja selbst Kleinigkeiten wie Briefmarken oder Geldscheine, übertrieben erscheinen mag (↗Militär).

Politik

Mehrparteiensystem und Zentralismus schließen sich in der türkischen Politik nicht aus. Gab es unter Atatürk nur eine Partei, so sind zwar seit 1946 mehrere zugelassen, aber alte Strukturen dadurch weithin noch nicht aufgebrochen. Das Ringen um eine parlamentarische Republik währte ein ganzes Jahrhundert: 1840 gab es ein erstes Parlament, 1876 eine erste Verfassung. 1922 endete das absolutistische Sultanat, 1926 wurde das islamische Gesetz *(şeriat)* durch das Schweizer Zivilrecht ersetzt. Es folgten Obligations-, Handels- und Strafrecht aus der Schweiz, Deutschland und Italien.

An der Spitze des Staates steht jetzt ein Präsident *(cumhurbaşkanı)*. Die Legislative ist Sache eines Einkammerparlaments *(meclis)* mit 450 auf fünf Jahre gewählten Abgeordneten. Die Exekutive (↗Behörden) wird von einem Ministerpräsidenten *(başbakan)* geleitet. Wirtschaftsliberale, Konservative und Sozialdemokraten wechseln sich in der Macht ab. Die Grenzen ihrer Programme sind fließend. Zeitweilige Parteienverbote nach Militärputschen wurden in der Regel amnestiert oder durch Änderung des Parteinamens umgangen.

Die heute durch die DYP (Partei des rechten Weges) repräsentierten Kreise (früher DP unter Menderes, dann AP unter Demirel) machten als erste den Sunniten Zugeständnisse und lockerten den Etatismus (↗Wirtschaft). In beiden Punkten wurden sie von der ANAP (Mutterlandspartei) Turgut Özals noch übertroffen: Sie beherrschte die 80er Jahre und veränderte das Land durch einen nie gekannten Wirtschaftsliberalismus. Die Sozialdemokraten (SHP) bilden die dritte große Kraft (Ecevit Ministerpräsident 1974 und 1977). Am stärksten noch an Atatürk orientiert, werden sie von ca. einem Drittel der Wähler unterstützt. Die Kommunisten, zu denen sich zu bekennen nicht ungefährlich ist, sind verboten. Rechtsextreme (MHP) und Islamisten (MSP) erreichen bei Wahlen zwischen 10 und 15%.

Von westlichen Politikern unterscheiden sich türkische nicht nur durch das etwas zeremoniellere Auftreten nach außen hin. Auch parteiintern werden strenger die kleinen Rituale der Ehrerbietung beachtet, werden Verhaltensmuster dem hierarchischen Aufbau genauestens angepaßt. Zudem vergißt kaum ein

Politiker zur Zeit seiner Machtausübung die vielfältigen Verpflichtungen gegenüber dem Clan (↗Familie, Gesellschaft). Dieser wird dann meist in einem vergleichsweise weiten Sinne definiert, so daß etwa auch Arbeitsvermittlung für denkbar entfernte Verwandte durchaus Ehrensache sein kann.

Soziale Spannungen, Terrorismus radikaler Gruppen, islamistische Tendenzen sowie Abhängigkeiten vom alten Treue- und Ehrenkodex zwingen Politiker gelegentlich zu Balanceakten im Interessengeflecht: Verfassungsänderungen sind häufig; die Vollmitgliedschaft in der Islamischen Konferenz und der Antrag auf Aufnahme in die EG gelten nicht als Widerspruch.

Zum alten Gegner Rußland sind die Beziehungen entspannt, zu den übrigen Nachbarn teils erheblich belastet: vor allem zu Syrien, das Gebietsansprüche erhebt und kurdische Rebellen unterstützt, zu Bulgarien, das seine türkische Minderheit drangsaliert, und zu Griechenland im Zusammenhang mit der Zypernfrage. Das Auseinanderbrechen der Sowjetunion hat der türkischen Außenpolitik mit den von Turkvölkern bewohnten Ländern (Aserbeidschan und Mittelasien) ein neues Feld geöffnet.

▰ Polizeikontrollen

Jeder, ob Türke oder Ausländer, hat seinen Ausweis immer mit sich zu führen. Kontrollen kommen auch in Reisebussen vor. Insbesondere im Osten muß mit Straßensperren durch Militärpolizei (rote Armbinde: AS.IZ) gerechnet werden. Fremden gegenüber ist man jedoch für gewöhnlich sehr höflich.

Wer für kleinere Verkehrsdelikte Strafe bezahlen soll, bekommt manchmal eine ‚Lösung' signalisiert (↗Bestechung, Kriminalität). Der Polizist gibt sich dann wohl mit einem kleineren Betrag zufrieden, stellt dafür aber keine Quittung aus.

▰ Prostitution

Sitten- und Ehrenkodex (↗Moralkodex) machen Mädchen vorehelichen Verkehr absolut unmöglich. Lust und Neugier, daneben die Verknüpfung ihrer Ehre mit dem Verlauf der Hochzeitsnacht, lassen viele junge Männer erste sexuelle Erfahrungen bei Prostituierten suchen (↗Familie). Durch die den Partnern auch im Eheleben auferlegte Prüderie (↗Sexualität) behalten Prostituierte ihren Reiz, weshalb Bordelle *(genelev)* in nahezu jeder größeren Stadt zu finden sind. Sie werden ärztlich und polizeilich kontrolliert und gehören als legale Einrichtungen zu den Spitzensteuerzahlern jeder Gemeinde.

Dennoch – gesellschaftlich schlägt der Prostituierten nur Verachtung entgegen. Am Anfang ihres Schicksals steht in der Regel der Verlust ihrer Ehre durch irgendein sexuelles ‚Vergehen' – das unter Umständen sogar eine Vergewaltigung sein kann. In extremen Fällen wird sie durchaus noch von männlichen Verwandten aufgespürt und getötet.

Die Dunkelziffer an nichtregistrierten Prostituierten gerade in Großstädten ist hoch. In Istanbul befinden sich viele Transsexuelle (↗Homosexualität) darunter. Animierende Zigeunerinnen wiederum oder auch die Mädchen der Cono-Sippe von Adana betreiben eine Art Familienunternehmen, wobei Brüder und Ehemänner unauffällig im Hintergrund wirken und gegebenenfalls einschreiten. Versprechungen werden hierbei nicht eingelöst, sie dienen lediglich dazu, dem Freier das Geld aus der Tasche zu ziehen.

Reisen der Einheimischen

Die eine große Reise im Leben ersehnt jeder strenggläubige Muslim: seine Wallfahrt nach Mekka (↗Riten). Sie ist Korangebot und führt jährlich im Pilgermonat viele über die Grenzen.

Doch harte Gesetze der Arbeitswelt verdrängten längst die Tradition; der überwältigende Teil türkischer Auslandsreisender – vier Fünftel von jährlich etwa 2 Mio. – sind Geschäftsleute. Das verbleibende Fünftel privat Reisender steht vor Hürden: Schwäche der türkischen Lira, Entrichtung einer Art Auslandssteuer, endloses Warten vor Visastellen, an denen bereits für die Mehrzahl Endstation ist. Ist aber alles geschafft, geht es am ehesten zu Verwandten – das heißt für die Hälfte: nach Deutschland.

Weit dahinter folgen einige Länder des Nahen Ostens, Auftraggeber für türkische Bauunternehmen (↗Export), sowie grenzüberschreitende Verwandtenbesuche unter Kurden, seit den durch Gorbatschow eingeleiteten politischen Veränderungen auch wieder unter den Bewohnern des kaukasischen Grenzgebiets (Türken, Georgiern, Armeniern, Aserbaidschanern). Sonderfall sind Zypernreisen. Zehntausende anatolischer Bauern wurden in den letzten Jahren dort angesiedelt, um als politisches Druckmittel zu dienen. Sollte es zu einer Einigung mit den Griechen kommen, will man nicht mehr Minderheit sein. Jetzt fließen die Besucherströme, und Heerscharen im Nordteil stationierter Wehrpflichtiger versorgen ihre Angehörigen mit elektronischer Duty-Free-Ware.

Obwohl Türken am liebsten zu Hause bleiben (↗Ausländer), scheint im Inland doch immer die halbe Nation unterwegs zu sein. Der Anlaß ist im Grunde der gleiche wie bei Auslandsreisen: Arbeit, Dienst und Ausbildung verteilen die Familien übers ganze Land. Daraus erklärt sich auch der spektakuläre Aufstieg privater Busunternehmer (↗Verkehrsmittel). Sie befördern pünktlich, vergleichsweise schnell und sehr billig – und akzeptieren Berge von Gepäck, was wichtig ist, weil zugezogene Städter oft vor allem auf Lebensmittel aus ihren Heimatdörfern angewiesen bleiben.

Unterkunft findet man bei Verwandten, Freunden. Im Hotel wird nur abgestiegen, wenn es gar nicht anders geht. Traditionelle Hotels (↗Unterkunft) sind vorwiegend Männerdomäne; viele Angestellte und Studenten quartieren sich, knappen Wohnraums wegen, gleichfalls darin ein.

Regelrechte Ferienreisen leisten sich nur Mittel- und Oberschicht (↗Freizeit). Beliebt sind Familienpensionen mit komplett ausgestatteten Gemeinschaftsküchen. Allerdings wird der Mittelstand zunehmend ans Schwarze Meer und den kilikischen Küstenstreifen abgedrängt. In den auch für Ausländer attraktiven Regionen (↗Tourismus) sind die Preise an DM oder US-Dollar ausgerichtet, für Einheimische damit astronomisch hoch.

Religion

Weit über 90% sind Muslime. Die sunnitische Glaubensrichtung bildet – mit den orthodoxen Rechtsschulen der *Hanefî* (60%) sowie der (meist kurdischen) *Şafiî* – das Übergewicht gegenüber den islamischen Volksreligionen, die, verallgemeinernd, als *Alevî* (Anhänger Alis) bezeichnet werden. Letztere lehnen das *şeriat,* das angeblich von Gott stammende Religionsgesetz, ab; sie beten nicht in Moscheen (als *Tahtacı* im Taurus bestatten sie ihre Toten in Särgen; ↗Beerdigung und Tod), räumen ihren Frauen größere Freiheiten ein (als *Kızılbaş* werden sie deshalb der Blutschande bezichtigt; ↗Beleidigungen) und ignorieren Alkohol- und Schweinefleischverbot (↗Gesellschaft). All dies in Verbindung mit ihren Sympathien für die politische Linke löste immer wieder Mißtrauen und Verfolgung aus. Insofern vermeiden sie es, sich zu erkennen zu geben.

Trotz des radikalen Laizismus Atatürks tragen seit 1949 die Regierungen den Forderungen der Sunniten mehr und mehr Rechnung. Sie führten den Religionsunterricht wieder ein, errichteten Imam- und Predigerschulen, Hochschulen sowie Institute für Islamwissenschaften. Die Absolventen sollen als regierungstreue Beamte den Aktivitäten privater Lehrer und religiöser

Orden wie z. B. der *nakşibendî* durch Verbreitung eines staatsloyal moderaten Islam entgegenwirken. Die Moscheezirkel der islamistischen Gruppen im Ausland liegen zwar oft mit den linientreuen in Fehde; undurchsichtige Verflechtungen gibt es gleichwohl. Da Kirchensteuer fehlt, finanziert wohl das islamische Ausland so manchen Moschee-Neubau.

Auch Kurden wenden ausdrücklich islamistische Argumente gegen den laizistischen türkischen Staat. Und dem anatolischen Bauern ist die tägliche religiöse Praxis zwar ein von Atatürk unterschätzter Bestandteil seiner Identität. Aber die Rückkehr zum Gottesstaat scheint trotz allem heute nur noch eine Minderheit zu wollen (↗Politik, Atatürk).

Der Islam teilt sich mit Juden und Christen in den Glauben an den einen Gott, an das Jüngste Gericht, an die Heiligen Bücher (Thora, Psalter, Evangelium) und die Propheten bis Jesus. Er unterscheidet sich durch das Auftreten und Wirken Mohammeds, dem, nach Verzerrungen des reinen Monotheismus durch Juden und Christen, das unverfälschte Wort Gottes offenbart worden sei. Muslim ist, wer die „Hingabe an den Willen Gottes" *(Islam)* übt, wer ferner die fünf Grundpflichten (↗Riten) erfüllt: Glaubensbekenntnis („Es gibt keinen Gott außer Allah und Mohammed ist sein Prophet"), Gebet *(namaz)*, Almosengeben, Fasten im *ramazan*, Pilgerfahrt nach Mekka *(hac)*.

Neues Religionsbedürfnis und die moderne türkische Republik

Unter den heutigen Kritikern Atatürks gibt es auch jene, die ihm vorwerfen, er habe die Türken von ihrer großen Vergangenheit, ihrer Geschichte, ihren islamischen Traditionen und Wurzeln losgetrennt, indem er ihnen ein Ideal der Verwestlichung auferlegt habe, das der Türkei, eben doch einem Land des Islams mit östlichen Traditionen, nicht angemessen sei. Eine Sehnsucht nach der großen Vergangenheit ist nicht nur bei bestimmten Intellektuellen, meist islamischer Orientierung, sondern auch beim Volk festzustellen. Man spürt es etwa bei dem Interesse, auf das die Sultane noch heute stoßen. Ihre Bilder werden gedruckt und gesammelt. Ihre Geschichte erscheint, bunt illustriert, in den Tageszeitungen. Gegenstände aus dem traditionellen Leben, die etwa von den Banken in ihren Schaufenstern ausgestellt werden, finden sogleich die Beachtung nicht nur der Touristen, sondern auch der einfachen Türken. Wenn sie arabische Buchstaben tragen, sagt der Beschauer oft: „Wie schade, daß ich das nicht lesen

kann!", manchmal sogar: „Unsere Regierung hat uns der Fähigkeit, dies zu lesen, beraubt!"
Natürlich sind es in erster Linie die bewußten Gläubigen, mehr oder minder aktive muslimische Gruppen, die so empfinden und sprechen. Doch sind die einfachen Leute in der ganzen Türkei muslimische Gläubige, und viele von ihnen empfinden, daß sie von ihrer Religion weiter getrennt leben, als sie es gerne möchten. Es fehlt ihnen an Instruktion, an Kontakt, an muslimischen Gelehrten und Vorbildern, zu denen sie aufschauen könnten und die ihnen den Glauben näher brächten. Der Umstand, daß der Koran arabisch geschrieben ist, daß die Gebete arabisch gesprochen werden und die gesamte gelehrte sowie ein großer Teil der religiösen Literatur in arabischer Sprache geschrieben ist, erschwert natürlich dem einfachen Mann den Zugang zu seiner Religion. Zwar werden heute viele Texte, auch der Koran, ins moderne Türkisch übersetzt und in lateinischer Schrift gedruckt. Doch jedes tiefere Eindringen in die Religion setzt die arabische Sprache voraus. Mindestens müßten Mittler da sein, die diese Texte wirklich verstehen und beherrschen, um ihrer Gemeinde die Auslegungen nahezubringen. Die radikale Laizisierung Atatürks hat im islamischen Bereich in der Türkei Leerräume geschaffen, und heute, gut fünfzig Jahre nach seinem Tod, strömt ein neues Religionsbedürfnis mehr oder minder heftig in diese Leerräume ein.
Aus: Arnold Hottinger, „Unbekannter Nachbar Türkei".

Riten

Fünfmal täglich müssen Muslime ihr Gebet *(namaz)* verrichten: in der Stunde vor Sonnenaufgang, mittags, nachmittags, nach Sonnenuntergang und bei Einbruch der Nacht. Der Ruf (im wesentlichen das Glaubensbekenntnis) des *müezzin* gibt das Zeichen. Je nach ritueller Verunreinigung unterziehen sich die Gläubigen einer kleinen (Gesicht, Stirn, Arme bis zum Ellbogen, Füße bis zu den Knöcheln) oder einer den ganzen Körper umfassenden Waschung (nach Geschlechtsverkehr, Menstruation, Wochenbett). Danach wenden sie sich nach Mekka. Die Richtung ist in der Moschee durch eine Nische, *mihrap*, angezeigt. Das Gebet kann an jedem reinen Ort erfolgen; falls in der Moschee, begeben sich Frauen in den hinteren, oft durch einen Vorhang abgetrennten Teil. Es folgt die Absichtserklärung, welches der fünf Gebete verrichtet werden soll. Sie sprechen *Allahu ekber* („Gott ist groß"), die Sure *Fatiha*, beugen den Oberkörper, richten sich wieder auf, werfen

sich nieder, gehen in die Hocke und können dies alles nach noch-
maliger Niederwerfung wiederholen. Zum Schluß sprechen sie
das Glaubensbekenntnis und erflehen den Segen für Mohammed
und die Gläubigen. Dann bleibt Zeit für persönliche Anliegen.

Von der Kanzel *(mimber)* neben der Gebetsnische hält frei-
tags ein staatlicher *hatip* eine Predigt (↗Religion). Dieses unserer
Sonntagsmesse vergleichbare Freitagsgebet darf nur in Moscheen
(cami) stattfinden. Gebetshäuser *(mescit)* für das alltägliche Gebet
besitzen in der Regel kein Minarett; es gibt sie in Dörfern, Raststätten, Flughäfen oder Passagierschiffen.

Neben dem *namaz* wird auch der Fastenmonat von sehr
vielen eingehalten. Während des neunten Monats des islamischen Mondjahres (verschiebt sich jedes Jahr um zwölf Tage) darf
zwischen Morgengrauen und Sonnenuntergang weder gegessen,
getrunken, geraucht, Angenehmes gerochen noch körperlich ge-
liebt werden. Ausgenommen sind Schwerarbeiter, Reisende, Alte
und Kranke sowie Schwangere und stillende Mütter, doch müssen sie einen Ersatz leisten.

In konservativen Gegenden sind um diese Zeit tagsüber
kaum geöffnete Lokale zu finden; wenn doch, werden sie mit La-
ken verhängt.

Weitere Grundpflichten für den Muslim sind die Pilgerfahrt
nach Mekka *(hac)* und Almosengeben. Zur *hac* (↗Reisen der Einheimischen, Kleidung) muß heute nur noch, wer gesund und finanziell dazu in der Lage ist (1985: knapp 5% aller Reisenden).
Die Pilgerfahrt findet im letzten Mondmonat statt; sie endet am
zehnten Tag mit dem Schlachten eines Hammels, dem Auftakt
zum Opferfest (↗Feiertage), das in der ganzen islamischen Welt
begangen wird und sich durch improvisierte Schafmärkte in den
Straßen schon Tage vorher ankündigt. Da Almosengeben in für
alle gültiger Form nicht mehr existiert, nehmen auch weltlich orientierte Türken das Fest zum Anlaß, Arme und Bedürftige zu unterstützen. Ein Viertel des Fleisches sowie eine Niere des oft auf
der Straße geschächteten Tieres gehören der Familie, der Rest wird
verteilt. Der Erlös des Felles wird mit Hilfe staatlicher Einrichtungen an Glaubensbrüder in ärmeren Ländern weitergeleitet.

◾◾◾ Sexualität

Zölibat und Weltabkehr lehnt der orthodoxe Islam ab. Sexualität,
aber auch Zorn oder Hunger sind nicht gut oder schlecht an sich –
Maßstab zur Beurteilung eines Menschen ist seine Fähigkeit, sie
in die Gesamtpersönlichkeit zu integrieren und im Zaum zu hal-

ten (auch Fasten heißt ja nicht: nichts essen, sondern: bis zum Abend widerstehen).

Im Gegensatz zum Christen bedarf der orthodoxe Muslim keines Erlösers, denn er ist, da Gott nach den islamischen heiligen Schriften Adam den Sündenfall verziehen hat, nicht mit der Erbsünde behaftet. Die körperliche Welt betrachtet der Muslim nicht als Übel, sondern in erster Linie als Gottes Werk und damit als notwendig und hilfreich, diesen in der ganzen Tiefe seines Wesens zu erfassen. Gott, sprich: die Wahrheit zu erkennen, heißt aber zugleich, die strengen Sittengesetze zu verinnerlichen, die das individuelle und gesellschaftliche Leben im Gottesstaat prägen. Sie allein ebnen den Weg zum Paradies, deshalb sind sie durch Gottes Wort (Koran) und Mohammeds vorbildliche Lebensführung bis ins Detail vorgegeben. Im sexuellen Bereich schließt dies Vorschriften zur Körperhygiene (Rasur der Schamhaare, Ganzkörperwäsche nach jedem Verkehr) ebenso ein wie das Strafmaß bei Ehebruch (Koran 24,2). Niemals jedoch wird dem Menschen mehr abverlangt, als ihm von Natur aus möglich ist. So wird einerseits bei jedem (außer geistig Behinderten) für einen Ehepartner gesorgt, andererseits aber alles Verführerisch-Aufstachelnde (*fitne*; ↗Moralkodex) verbannt: aus dem Geschlechtsakt selbst (strenggläubige Eheleute bekommen sich kaum je einmal nackt zu sehen), aus der ↗Kleidung, aus dem gesellschaftlichen Leben (↗Prostitution, Tabus, Tanz, Wohnen).

Während Männer sich letztlich Freiräume zu schaffen verstanden, sind Frauen, die gegen jene Normen verstoßen, bis heute mehr oder weniger geächtet (↗Familie). Umgekehrt ist das Fehlen eines Schönheits- oder Jugendkults für ältere Frauen von Vorteil. Die Zeit ihres Einflusses beginnt ohnehin im Grunde erst, wenn die Kinder herangewachsen sind. Häufig treten sie dann sehr ungehemmt auf und schrecken auch nicht vor derben Witzen zurück. Untersuchungen zeigen, daß sie weit weniger unter den Wechseljahren leiden als westliche Frauen, für die das Gefühl des Attraktivitätsverlusts oft einen krasseren Einschnitt bedeutet.

Sozialversicherung

Neben einer Pensionskasse für Beamte und Selbständige existiert eine Sozialversicherungspflicht für Arbeitnehmer aus Industrie und Handel. Damit bleiben rund vier Fünftel der Erwerbstätigen ohne Versicherungsschutz (↗Arbeitsleben, Medizin). Die Finanzierung des Systems erfolgt über steuerlich abzugsfähige Pflichtbeiträge von Arbeitgebern (19,5–27% des Lohns) und Arbeitnehmern (14%), gegebenenfalls auch über Regierungszuschüsse. Leistungen bei

1) Alter, Invalidität, Tod: Pension max. 60% des letzten Einkommens; bei Invalidität 70%; für Hinterbliebene je 20–50% der Pension des Versicherten.

2) Krankheit: über max. 18 Monate bis zu $2/3$ des Einkommens; falls Behandlung stationär, max. 50%, Eigenbeteiligung bei Medikamenten und Untersuchungen.

3) Mutterschaft: $2/3$ des Einkommens je 6 Wochen vor und nach der Entbindung.

4) Arbeitsunfälle und Berufskrankheiten: max. $2/3$ des Einkommens ohne Zeitlimit; Hinterbliebene $2/3$ der Pension des Versicherten; bei Kindern je 20–50%.

Wer seine Arbeit aus anderen Gründen verliert, hat keinen Anspruch auf staatliche Unterstützung. Je nach Dauer der Betriebszugehörigkeit bekommt er manchmal eine Abfindung (1989: 15 Tageslöhne pro Beschäftigungsjahr). Das heißt, daß sich die überwältigende Mehrheit der Bevölkerung bei Krankheit und Alter fast ausschließlich auf die Familie (und nur in geringem Umfang auch auf staatliche oder privatwirtschaftliche Sozialfonds) stützen kann.

Frauen gehen mit 55 Jahren, Männer mit 60 in Rente. Um ihre Ansprüche geltend zu machen, müssen sie mindestens 15 Jahre lang versichert gewesen sein.

Sport

Der männliche Teil der Nation ist fußballverrückt. Jeder scheint einem der drei großen Istanbuler Vereine Fenerbahçe, Galatasaray oder Beşiktaş anzuhängen. Daß sie es genausowenig wie die Nationalmannschaft schaffen, auch im Ausland Pokale zu erringen, wird als nationale Tragödie empfunden.

Für den ersehnten Triumph sorgte wider Erwarten ein Gewichtheber. Naim Süleymanoğlu, ein aus Bulgarien geflohener Türke, glänzte bei den Olympischen Spielen von Seoul. Das Land lag ihm zu Füßen wie keinem Sportler zuvor.

Die klassischen Nationalhelden sind dagegen die Ringer (pehlivan). Die einheimische Eigenart, den Körper dabei einzuölen, hindert sie durchaus nicht daran, auch international zu bestehen. Jedes Jahr ermitteln sie im Rahmen eines großen Volksfestes den landesweit Besten.

Wintersport ist eine Sache von Eliten und Ausländern. Immerhin gibt es große Anlagen bei Bursa, Antalya, Bolu sowie kleinere bei Kayseri, Erzurum und Kars. Für Segeltörns im Bereich der Ägäis und des Mittelmeers ist die Infrastruktur mittlerweile nahezu perfekt. Tauchen mit Sauerstoffgeräten wird jedoch nur in Ausnahmefällen genehmigt.

Reiter, Bergsteiger und Jäger sind Einheimische vielerorts aus Notwendigkeit und Tradition. Insofern können Reittiere leicht von privat vermittelt werden. In den attraktiven Gebirgsregionen (Ararat, Kaçkar am Schwarzen Meer, Aladağlar im Taurus, Cilo-Sat-Gebirge bei Hakkari) fällt es nicht schwer, zuverlässige Führer zu finden (↗Zeit). Hirten und Almbauern sind sehr ortskundig, besonders wenn sie zudem auf die Jagd gehen. Da viele noch für den eigenen Kochtopf jagen (↗Tiere), ist der Staat bei der Vergabe von Waffenscheinen nicht kleinlich (↗Statussymbole). Unter dem Druck von Umweltschützern (↗Umwelt) versucht er allerdings die freie Jagd mehr und mehr einzuschränken. Einheimische Jäger zeigen dafür um so weniger Verständnis, als gleichzeitig unter Ausländern für devisenbringenden Jagdtourismus (Forellenfischen; Jagd auf Wildschweine, Wölfe, Bären, Bezoarziegen) geworben wird.

Sprachen

Staats- und ausschließliche Amtssprache ist Türkisch. Osmanisch – die höfische Schriftsprache aus türkischen, persischen und arabischen Elementen – schaffte Atatürk ab, wie auch das persisch-arabische Alphabet. Seit 1928 wird mit lateinischen Buchstaben geschrieben. In der Aussprache weichen ab: c („dsch"), ç („tsch"), ğ (wie „y" oder unbetontes „h"), ı (wie kurzes „u"), ş („sch").

Turksprachen, von rund 100 Millionen Menschen gesprochen, gehören wie etwa auch Mongolisch und Koreanisch den ural-altaischen Sprachen an. Ihr Kennzeichen ist die Agglutination: das Anhängen von Silben an Verben und deklinierbare Wörter. Solche Verknüpfungen bringen dann grammatische Beziehungen zum Ausdruck.

Will man etwa fragen „wie geht's dir?", hängt man ans Fragewort „wie" *(nasıl)* die für „du bist" stehende Nachsilbe *-sın* an – und bekommt: *„nasılsın?"* Ebenso bei der Antwort „gut geht's mir!" Dem „gut" *(iyi)* wird die für „ich bin" stehende Nachsilbe *-yim* angefügt und so lautet die Formel *„iyiyim!"*

Die nach wie vor anhaltende systematische Türkisierung des Wortschatzes, aber auch von Namen und geographischen Begriffen, stiftet im ganzen Land einige Verwirrung. Der Versuch, Türkisch selbst in den Moscheen durchzusetzen, ist jedoch gescheitert. Wie eh und je wird der Koran wieder auf arabisch rezitiert. Ein arabisch durchsetztes Vokabular deutet folglich auf religiöse Kreise hin.

Je mehr sich umgekehrt jemand des für Bauern recht unverständlichen Neutürkischen *(öz Türkçe)* bedient, desto klarer sein Bekenntnis zu den Idealen Atatürks. Führend hierin ist die Tageszeitung Cumhuriyet. Moderne westliche Begriffe strömten zuerst über Frankreich ins Land. Als Lehnwörter (gerade im Postwesen) stechen sie überall ins Auge. Französischkenntnisse sind bei der älteren Generation am ehesten anzutreffen. Wichtigste schulische Fremdsprache ist dagegen heute Englisch. Durch die vielen Gastarbeiter ist es jedoch nicht schwierig, etwa unter Arbeitern oder Händlern auch jemanden mit Deutschkenntnissen zu finden.

Stadt- und Landleben

In nur 20 Jahren ist der Anteil der Landbevölkerung von rund zwei Drittel auf heute weniger als 50% zurückgegangen. Während sich die Städte rapide modernisieren, scheint in nicht wenigen Dörfern die Zeit stillzustehen: Wasser vom Brunnen, verschlammte Wege, im Idealfall ein Teehaus, und für all das, was das Dorf nicht selbst hervorbringt, sorgen fahrende Händler. Eine Grundschule, Elektrizität (1981 bei 46%, heute 90% der Dörfer), ein Telefon beim Ortsvorsteher sind das höchste, je eine Fahrt morgens und abends mit dem Kleinbus *(dolmuş; ↗Verkehrsmittel)* die einzige Verbindung zur Stadt, zu Ärzten und weiterführenden Schulen. Das Leben bestimmen sehr weitgehend Glaube und Traditionen.

Dreiviertel aller Städte sind erst in den letzten hundert Jahren entstanden (↗Bevölkerung). Um die bereits bestehenden wuchsen quasi über Nacht immer neue Barackensiedlungen *(gecekondu)*; jetzt lebt bereits mehr als die Hälfte aller Einwohner Ankaras, Izmirs oder Istanbuls darin. Am Anfang eines *gecekondu* steht immer der Kampf um die Legalisierung.

Oft werden sie einfach abgerissen – mit allen dramatischen Begleitumständen –, manchmal aber auch zum Objekt kommunalpolitischer Strategien. Für ihre Wählerstimmen stellt man den Bewohnern die Anerkennung als Stadtteil und damit auch Wasser, Strom, Kanalisation etc. in Aussicht. Die Gewohnheit, als Gemeinschaft zuzuwandern oder die eigenen Leute langsam nachkommen zu lassen, kann aus den *gecekondu* Anhäufungen in sich geschlossener Dörfer machen. Dadurch erinnern sie ein wenig an die traditionellen Städte. Auch diese waren in Viertel *(mahalle)* mit starkem Eigenleben, eigenen Moscheen, Bädern und Brunnen untergliedert. Arm und Reich lebten darin nebeneinander und mußten nach oben für ihr Viertel gemeinsam geradestehen. Wohnungsnot und die damit verbundene Bodenspekulation haben die alten *mahalle* jedoch ruiniert. Die Häuser werden an anatolische Zuwanderer vermietet oder durch billige Wohnblocks ersetzt, während die Vermieter selbst in moderne Stadtteile mit europäischem Wohnkomfort ziehen (↗Unterhaltung).

Die Stadtverwaltungen fühlen sich machtlos. Der Explosion von Bevölkerung und Verkehr haben sie kaum Konzepte entgegenzusetzen (↗Umwelt). Chaos auf den Straßen, Wasserrationierungen und Stromausfälle machen das Leben in den Ballungszentren für die meisten zur Strapaze ohne Alternative.

Die Zurückdrängung der nomadischen Lebensweise

In der ganzen weiten Çukurova gab es jetzt für die erschöpften Nomaden keinen Fußbreit Erde mehr. Jedes Dorf, jeder Mensch war ihr Feind. Kein Dorf, mit dem sie noch nicht in Streit gelegen, kein Feld, kein Acker, auf die sie noch nicht den Fuß gesetzt und von denen man sie nicht schon im Lauf der letzten zehn Jahre wieder vertrieben hatte. Und wenn nicht sie, so die anderen Stämme ...
Süleyman der Vorsteher machte mitten in der Çukurova Halt. Auf dieser Ebene, die er so gut kannte wie seine eigene Hosentasche, wußte er jetzt keinen Ort mehr, auf dem sie ihr Lager aufschlagen konnten, kein Dorf, das ihre Gegenwart duldete. Wohin sollten sie gehen? An wen konnten sie sich wenden? Der Winter näherte sich bereits. Erst gestern wieder war Akça Veli abgesprungen, hatte seine Familie und sein Zelt mitgenommen und ohne ein Wort den Stamm verlassen. Von den sechzig Zelten zu Beginn des Jahres waren nur noch achtunddreißig geblieben. Im vergangenen Jahr noch hatte der Karaçullu-Stamm hundert Zelte gezählt ... Und im Jahr davor ... Und noch früher ... Früher, als die Karaçullus in die Ebene kamen, in jenen glorreichen Tagen, sah man weit und breit in der Ebene nichts als Zelte, in denen ein reges Leben und Treiben herrschte wie heutzutage in den großen Städten ...
Würden sie sich noch vor dem Frühjahr auflösen, würden sie die wenigen verbliebenen Zelte zusammenpacken und verschwinden müssen, irgendwohin? Wenn es nur soweit käme, dachte Süleyman der Vorsteher. Dann wäre es endlich vorbei,

dieses sich hinschleppende Elend. Schon seit Sonnenuntergang warteten sie auf diesem Feld, durch das sich der Bewässerungs- kanal des Reisfeldes zog. Sie waren unfähig, einen Entschluß zu fassen.

„Gehen wir nach Akmaşat oder meinetwegen nach Narlikişla und besetzen einfach das Land", sagte Fethullah. „Sollen sie uns doch alle bis auf den letzten Mann umbringen, dann ist es wenig- stens ausgestanden."

Der alte Müslüm teilte seine Meinung. „Sie haben uns unsere Winterquartiere gestohlen, die uns gehörten seit Anbeginn aller Zeiten, und wir stehen hier und zerbrechen uns die Köpfe, wohin wir gehen sollen! Zu unseren alten Winterquartieren natürlich, genau dahin! Und dort heißt die Devise: Vernichten oder vernich- tet werden! Schaut uns doch an, wir sind sowieso am Ende. Wenn wir schon sterben müssen, dann wenigstens auf dem Land unserer Väter ... Machen wir doch endlich Schluß mit dem ganzen Theater!"

Alle Männer des Stammes dachten das gleiche wie Fethullah und der alte Müslüm. Sie wollten sich dem Kampf stellen und sich gewaltsam Boden in Akmaşat oder Narlikişla aneignen. Aber Süleyman der Vorsteher schwankte noch und konnte sich, soviel er sich auch den Kopf zerbrach, zu keinem Entschluß durchrin- gen. Seine Miene verdüsterte sich immer mehr, wurde immer ärgerlicher.

„Schon seit fünfzig Jahren siedeln andere auf dem Boden von Narlikişla, schon seit fünfzig Jahren sind dort Dörfer entstanden, und wir haben es nicht der Mühe wert gefunden, dagegen Protest zu erheben, als man uns unsere Winterquartiere dort nahm. Jetzt, wo wir in der Klemme sitzen, behaupten wir auf einmal, in Narlikişla ein Winterquartier zu besitzen. Und was Akmaşat an- geht, hat uns nicht früher Derviş Bey von den Karadirgenoğlus gedrängt, uns dort niederzulassen, ein Dorf zu gründen? Erin- nert ihr euch? Wir haben ihm nie Gehör geschenkt. Wir dachten, daß wir für alle Zeiten, in alle Ewigkeit, die Herren der Çukuro- va wären!

Aus: Yaşar Kemal, „Das Lied der Tausend Stiere".

Statussymbole

Der ‚Roßschweif' als Rangabzeichen am Turban ist verschwun- den, die soziale Aussagekraft prächtiger Trachten und Kopftücher (↗Kleidung) schwindet ebenfalls immer mehr, nach wie vor aber wird ein Mensch nach seiner Kleidung beurteilt. Wer reich ist, zeigt es auch. Übergroße Ohrringe, westliche Mode oder besser noch: das Teuerste der eigenen Modeschöpfer: Vakko, Beymen, Tunuslu! Die Armen werfen sich wenigstens an Festtagen in Schale. Wer zerlumpt ist, gilt auch als Lump. So waschen und flicken ärmere türkische Frauen unermüdlich, allen Widrigkeiten zum Trotz. Ausländer, vermögend und dennoch nachlässig gekleidet, rufen da nur Kopfschütteln hervor.

Westwaren heben den Status ungemein. Wer sie sich nicht leisten kann, kauft wenigstens einheimische Imitationen: Lacoste, Levis, etc. – die Aufnäher gibt es en gros. Doch das Original ist natürlich begehrter; selbst identische, indes unter Lizenz hergestellte oder mit einer Steuermarke versehene Produkte (Medikamente, Zigaretten etc.) gelten bereits als zweitklassig. Türkischer Mokka gar schmeichelt dem Gast bei weitem nicht so wie eine Tasse Nescafé.

Fortschrittlichkeit kann etwa auch durch den Besitz von Möbeln demonstriert werden (↗Wohnen). In den sozialen Übergangsstadien werden sie jedoch so gut wie nie benutzt. Zur Schonung hält man sie unter Verschluß, um sie bei feierlichen Anlässen in angemessener Gepflegtheit vorführen zu können. Ein solcher Anlaß kann ein hochstehender Besucher sein; von seinem Rang färbt immer auch ein wenig auf den Gastgeber ab.

An den Küsten verwundert die Nähe der Ferienappartements zur Hauptstraße, ja überhaupt die Nähe der Straße zum Strand (↗Freizeit). So kurios es gerade Deutsche anmutet: Abgeschiedenheit ist hier kein Ideal, zu lange war sie nur mit Mühsal verbunden. Auf jedes Mehr an Erleichterung, an Fortschritt ist man stolz, der Status der Wohnung direkt an der Verbindungsstraße am höchsten.

Je traditioneller die Umgebung, desto wichtiger sind noch die Symbole der Vergangenheit: Die Zweitfrau (↗Familie) als Ausdruck des Reichtums, das Gewehr bei Kurden und Lasen als Zeichen der Manneswürde; ganz besonders aber gewisse Schmuckgegenstände. Die Vorliebe vieler türkischer Männer für protzige Ringe ist das eine: Früher betonten sie Stellung und Autorität, weil sie als Siegelringe eine juristische Funktion hatten. Das andere ist der goldene Hochzeitsschmuck der Frauen: Er war immer zugleich auch Kapitalanlage (↗Handwerk) und Notgroschen. Nirgends wurde deutlicher, wie es um das Vermögen des Mannes, vor allem aber der Braut stand, da er zudem Mitgiftcharakter besaß. Zur bloßen Zierde als Volksschmuck wurde dagegen fast ausschließlich Silber verwendet.

Symbole

Flagge: Sowohl Mondsichel wie auch fünfzackiger Stern, Wahrzeichen des Osmanischen Reichs, gehören zu den Symbolen der meisten islamischen Staaten; auf rotem Grund sind sie das Sinnbild der Türkei.

Über die Bedeutung gehen die Meinungen auseinander. Ursprung sind uralte orientalische Gestirnkulte. Hekate, griechische Zauber- und Mondgöttin, galt schon als Beschützerin von Byzanz; der Stern mag als Ergänzung zum weiblichen Mond aus einem männlichen Sonnensymbol hervorgegangen sein. Für die Türken wurde er zum Stern Jupiter. Ihrer eigenen Legende zufolge spiegelte er sich zusammen mit der Mondsichel in den Blutlachen des Amselfeldes. In dieser Nacht (15.6.1389) hatten die Osmanen die Serben besiegt und sich damit als europäische Macht etabliert.

Doppeladler: Vor Mondsichel und Stern stand für Anatolien der doppelköpfige Adler; wichtige Wappenbedeutung hatte er von den Hethitern (↗Geschichte) bis zum ‚neuen Rom‘, dem byzantinischen Kaiserreich. Wer immer mit Konstantinopel um das Erbe Roms stritt – Selçuken, Habsburger, das zaristische Rußland –, führte ihn in seinem Zeichen.

Minarette: Osmanische Moscheen mit mehr als einem Minarett wurden immer von Mitgliedern des Herrscherhauses erbaut. Auch die Balkone (şerefe) erlauben Rückschlüsse. Bei zweien oder dreien wurde die Moschee von einer Frau gestiftet. Bei Sultansmoscheen gibt ihre Zahl darüber Auskunft, um den wievielten Herrscher im Hause Osman es sich handelt. Das Minarett (ursprünglich „Leuchtturm") hat über seine Funktion hinaus jedoch keine Bedeutung.

Licht: Moscheen mit Lichterkränzen an den ↗Feiertagen, zahllose Lampen im Innern, Kerzen neben den Gebetsnischen verweisen auf eine Stelle im Koran (Sure 24,35), in der Gott als das Licht von Himmel und Erde, einer Öllampe in einer Nische vergleichbar, bezeichnet wird.

Tuğra: Als Anhänger, Ohrring, als Zeichen auf osmanischen Gebäuden ist die *tuğra* überall zu sehen, das kalligraphierte Sultanssiegel. In seiner Gesamtform immer dem gleichen Muster folgend, ist es gebildet aus dem je individuellen Namenszug des herrschenden Sultans. Bei diesem an die Gestalt einer Schnecke erinnernden kunstvoll ornamentierten Schriftzeichen (↗Kunst) handelt es sich wahrscheinlich um Stilisierungen von Pfeil und Bogen, Machtinsignien aus nomadischer Zeit.

▰▰ Tabus

Sie sind – teils über Religion, Brauchtum (↗Blumen, Kunst) oder Politik definiert – in der Türkei noch im strengen Wortsinn tief verinnerlichte Schranken. Sie zu brechen, wird nicht – wie im Westen – als bloßer Verstoß gegen Umgangsformen oder als Geschmacklosigkeit empfunden, sondern als Bedrohung des gesamten Ordnungsgefüges (↗Vorwort). Der Atatürk-Staat, im Bereich des Religiösen selbst Tabubrecher größten Ausmaßes, hat dabei lediglich die Objekte der Unantastbarkeit ausgetauscht. In der Rigorosität, mit der er Verletzungen der von ihm verhängten Tabus ahndet (↗Patriotismus), folgt er den alten Mustern. Im Umgang zwischen den Geschlechtern spielen nach wie vor die Sittengesetze des Islam (↗Sexualität) die entscheidende Rolle. Tabuisiert ist all das, was die Distanz zwischen den Geschlechtern aufhebt (↗Moralkodex); auf seiten des Mannes erweitert um Maximen patriarchalischer Gesellschaften wie: nicht weinen!, Entschlossenheit zeigen! etc. Unterschiede bestehen lediglich hinsichtlich der Größe jenes Abstands, wobei orthodoxe Sunniten am strengsten darauf achten: Kein Fremder würde Frauen auch nur ansprechen (↗Fotografieren); eine Frau in einer Männerrunde weder das Wort ergreifen noch den Blick heben. Am auffälligsten ist es bei Einladungen (↗Gastfreundschaft); Frauen und Männer bleiben zur Geselligkeit jeweils unter sich. Sogar die unabsichtliche Berührung etwa einer kurdischen sunnitischen Şafiî-Frau durch einen fremden Mann gilt als „kleine Verunreinigung" (↗Religion, Riten). Auch Hunde (↗Tiere) dürfen in diesem Kultur- und Traditionszusammenhang nicht berührt, geschweige denn gestreichelt werden. Im Extremfall spielt sogar die Religion des Gastes eine Rolle: Einige Zeit tabu wäre dann alles, was der Nichtmuslim *(gâvur)* in Händen hielt.

Weit weniger strikt ist die Geschlechtertrennung bei den Alevî oder nichtsunnitischen Türken. Die Alevitin trug auch nie einen Schleier *(yaşmak)* und konnte seit je an geselligen und religiösen Versammlungen der Männer teilnehmen. Während die Sunnitin im Nebengemach oder hinter Vorhängen betet, wird der *cem*, der alevitische Gottesdienst, von Männern und Frauen gemeinsam begangen. Gewisse rituelle Gepflogenheiten des *cem* – mit Alkohol und zeitweiliger Verdunkelung des Raumes verbunden – haben bei strengen Sunniten schon wüste Phantasien in Gang gesetzt. Um sich daher vor übler Nachrede und Nachstellungen zu schützen, befolgen Alevî in sunnitischer Umgebung meist stillschweigend die dort geltenden Vorschriften.

Dem Ausländer werden aus Unwissenheit erfolgende Tabu-verletzungen meist nachgesehen. Hochachtung erwirbt er sich aber nur durch Takt, Respekt vor der Religion und Höflichkeit. Im Fastenmonat in der Öffentlichkeit nicht zu essen oder zu rauchen ist für Türken eine Selbstverständlichkeit, ebenso, Moscheen nur mit bedeckten Armen und Beinen zu betreten und dabei als Frau zudem ein Kopftuch zu tragen.

Als Verstoß schon gegen die Höflichkeit gilt jedes laute und auffällige Benehmen. Man schneuzt in Gegenwart anderer nicht in ein Taschentuch und würde sich nach ↗Toiletten nur äußerst diskret erkundigen. Türkische Männer, anders als westliche, stellen sich auch nicht einfach in die Landschaft, um zu pinkeln: es wäre für sie eine Verletzung der Schamgrenze, die sie sich und anderen zu ersparen suchen.

Tanz

Volkstänze gibt es in unüberschaubarer Zahl, man spricht von mehr als 2000. Einige sind bereits auf Höhlenmalereien und Steinreliefs abgebildet, die jahrtausendealt sind. Gemeinsam mit den Trachten spiegeln sie die ganze Vielfalt der Völker wider, die zur anatolischen Zivilisation beigetragen haben.

Im wesentlichen gibt es vier Grundtypen: 1) *zeybek*, Süd- und Westanatolien, wie *horon* werden sie nach Geschlechtern getrennt getanzt; 2) *horon*, Rundtänze aus dem Schwarzmeergebiet, häufig mit einer Art Geigen- *(kemençe)* oder Ziehharmonikabegleitung; 3) *halay* und 4) *bar*, Kreistänze aus Mittel- und Ostanatolien mit teils gemischten Soloeinlagen von Frauen und Männern, die eigentlich im Widerspruch zu orthodoxen islamischen Moralvorstellungen stehen. Über diese vier hinaus entwickelte sich noch eine Fülle von Spieltänzen *(oyun)*, in denen beispielsweise Löffel oder Schwerter zum Einsatz kommen.

Die wichtigsten Instrumente, oft von Berufsmusikern gespielt, sind Trommeln *(davul)* und Schalmeien *(zurna)*. Folkloristisch wie bei uns in Europa sind die Tänze nur in Verbindung mit Trachtengruppen als Beiwerk politischer Veranstaltungen oder, neuerdings, als Touristenattraktion. Ansonsten sind sie nach wie vor ein fester Bestandteil jeder Art von Fest oder Gemeinschaft, halten die Geschlechter getrennt, wie es sich gehört, und führen sie doch in einem größeren Ganzen zusammen. Damit passen sie weit besser zur eigenen Lebensart als westliche Tänze. Elemente daraus werden auch in den Choreographien des staatlichen Balletts verwendet.

Als Relikt aus heidnischer Vorzeit war Freude am Tanz dem orthodoxen Islam ein Greuel. Getanzt jedoch wurde durchaus in der Mystik. Für die Türkei am bedeutendsten ist *sema*. Der spirituelle Drehtanz der *Mevlevi*-Derwische (↗Wissenschaft) wird im Sommer einem größeren Publikum zugänglich gemacht.

Der im Westen oft populärste Tanz, der Bauchtanz *(oryantal)*, stammt in Wirklichkeit aus dem Arabischen. Die Mädchen, die ihn heute für Einheimische und Touristen tanzen, sind in der Hauptsache Zigeunerinnen. Das *bahşiş*, auf das sie wie auch die sie begleitenden Musiker Anspruch erheben, klebt man ihnen mit Spucke an die Stirn.

▰▰▰ Tiere

Schafe über Schafe – wohl mehr als 40 Millionen – grasen in der Türkei, die damit zum unentbehrlichen Fleischlieferanten des Nahen Ostens wird. Hochwertige Weiden sind knapp, so spielt Rinderzucht eine weniger wichtige Rolle. Pferde- und Eselsherden decken besonders im Osten den noch immer großen Bedarf an Zug- und Lasttieren. Im Innern Anatoliens ist die ‚anatolische Nachtigall' zu hören: das Quietschen der speichenlosen Holzräder archaischer Ochsenkarren. Im Osten und Südosten wird die Stelle der Ochsen häufig von Wasserbüffeln eingenommen. Den Dromedaren seßhaft gewordener Nomaden, obwohl im Taurus noch vereinzelt vor dem Pflug, dürfte der Fremdenverkehr ein Überleben als Touristenattraktion sichern.

Tiere als Nutztiere oder Jagdbeute gehören zum Alltag; das Verhältnis zu ihnen ist weitgehend frei von Sentimentalität. Im Grunde gilt dies auch für zur Jagd abgerichtete Tiere wie Windhunde *(tazı)* oder die Sperber der Lasen (↗Sport).

Große, zottelige Hütehunde, deren reinster Vertreter der *kangal* ist, geben durch ihre halbwilde, selbst den Hirten gegenüber distanzierte Lebensweise Anlaß zur Vorsicht. Außerdem gelten sie als unrein (↗Tabus); bis in die zwanziger Jahre ersetzten sie in den Städten den Abdecker, und so dürfen sie bis heute niemals in das Innere eines Hauses.

Den Verzehr fleischfressender Tiere, insbesondere von Schweinen als potentiellen Trichinenträgern, verbietet der Islam grundsätzlich; bei wiederum anderen Arten (Pferden z.B.) kennt er Sondervorschriften für Notsituationen wie Kriege oder Hungersnöte. Bestimmte Überlieferungen fordern ausdrücklich, Tiere gut zu behandeln. Schlangen bilden wohl die einzige Ausnahme: man tötet sie überall kurzerhand.

Der Volksglaube birgt einen reichen Schatz an Mythen und Legenden, die um Tiere kreisen. Da werden heilige Fische (die Karpfen von Urfa) verehrt oder Tauben als Helfer und Katzen als Lieblingstiere des Propheten gefüttert. Eine besondere Rasse ist die Van-Katze mit einem blauen und einem grünen Auge. Und wenn Käfigvögel, meistens Stieglitze, freigelassen werden, damit sie Wünsche in den Himmel tragen mögen, fühlt man sich gar an den vorislamischen Glauben der zentralasiatischen Türken erinnert: da verließ die Seele den Körper in Gestalt eines Vogels! Gerade in den Mustern von Teppichen und Kilims sind Tiere von alter mythischer Bedeutung noch häufig erhalten.

■■■■ Toiletten

Bayan oder *kadın* steht bei den Toiletten *(tuvalet)* für Frauen, *bay* oder *erkek* bei Männern. Die europäische Toilette *(alafranga)* mit Sitzbrille setzt sich nur langsam durch. Am häufigsten ist noch immer das einheimische *(alaturka)* Hockklo.

Statt Papier benutzt man Wasser. Deshalb befindet sich in entsprechender Höhe ein Wasserhahn oder am hinteren Klosettbeckenrand eine Düse. Orientalen säubern sich mit der linken, folglich als unrein geltenden Hand. Toilettenpapier *(tuvalet kağıdı)* fehlt; es sollte bei Bedarf mitgeführt werden. Die meisten Läden *(bakkal)* haben es vorrätig.

Öffentliche Toiletten befinden sich zuverlässig in der Nähe von Moscheen. In der Regel muß man eine minimale Gebühr bezahlen; die Sauberkeit läßt leider gelegentlich zu wünschen übrig.

■■■■ Tourismus

Als Geheimtip galt die Türkei, solang uralte Vorurteile und fehlende Unterkünfte, Militärputsche oder das Zypernproblem die meisten abschreckten. Ende der siebziger Jahre noch kostete der Tourismus den Staat mehr, als er einbrachte.

Die achtziger Jahre veränderten das Bild radikal. Der Staat wies Sonderzonen aus, übernahm die Erschließung (Wasser, Strom, Straßen), gewährte Kredite (bis zu 60% der Gesamtinvestitionen), Steuervergünstigungen, und plötzlich war aus einem Stiefkind das touristische Modeland geworden. Noch 1981 brachten knapp 1,15 Mio. Besucher etwa 380 Mio. US-$ (Investitionen: 103 Mio.) in die Kassen; 1988 wurden an bereits 4,3 Mio. Besuchern 2,35 Mrd. US-$ (Investitionen: 358 Mio.) verdient. Und so hätte es immer weitergehen sollen (Spaniens Einnahmen: 15 Mrd.

US-$), als hätte nicht bereits Tschernobyl gezeigt, wie rasch Touristen ausbleiben können. Dabei reagierte der Markt nicht nur auf Krisen wie 1991, als dem Golfkrieg ein Totaleinbruch folgte. Auch Baulärm (↗Umwelt) oder geringe Professionalität bei überhöhten Preisen zeigten schnell Wirkung: die Hälfte aller Betten blieb leer; zahllose Investoren, von billigen Krediten und falschen Prognosen verleitet, machten Konkurs. Nach nur zehn Jahren Boom verunstalten Bauruinen bereits ganze Küstenstreifen. Aber trotz allem – an der ägäischen und lykischen Küste herrschen heute höchste Standards; Gastfreundschaft und Hilfsbereitschaft haben abseits des Massentourismus kaum Schaden genommen; und selbst in abgelegenen Gebieten sind ↗Unterkünfte zu finden.

Als Bade- und Studienreisende während der Hauptsaison (Ostern bis September) überwiegen Deutsche, die jährlich immerhin ein Fünftel aller Urlauber stellen, Briten und Franzosen (↗Sport). Griechen sind Spitzenreiter bei Kurzbesuchen; Bewohner des ehemaligen Jugoslawien, allerdings erst im Winter, bei Einkaufsfahrten. Istanbul wird in den heißesten Sommermonaten von Arabern überschwemmt. Zu gerne möchte es Beiruts einstigen Platz einnehmen; dafür nimmt es in Kauf, daß die Mieten für die bevorzugten Privatunterkünfte in schwindelerregende Höhen steigen. Aber natürlich machen nicht nur die Araber die Preise kaputt. Gerade die schönsten Küsten sind für Türken durch den europäischen Tourismus unerschwinglich geworden (↗Reisen der Einheimischen).

▰▰▰ Türken

Erste namentliche Erwähnung finden sie in chinesischen Quellen des 6. Jahrhunderts: berichtet wird dort vom Aufstand der Tu-küe, eines Stammes, der den Wolf als Totemtier verehrt. (Auf jenen „grauen Wolf" berufen sich heute übrigens wieder die Nationalistisch-Radikalen; ↗Patriotismus.)

Die Tu-küe waren ein Stamm unter vielen. Zahlreiche Turkvölker – in Sprache und Lebensart verwandte, nomadisierende Reitervölker – durchquerten damals die asiatischen Steppen. Auch schon die Hunnen, deren Übertritt über die Wolga im Jahr 375 in Europa die Völkerwanderung ausgelöst hatte, gehörten dem gleichen Kulturzusammenhang an. Typisch für jene Stammesgesellschaften war die egalitäre Aufteilung politischen Einflusses; nur bei kriegerischen Auseinandersetzungen um Vieh, Weiden und Wasserstellen unterstellte man sich dem dann eigens bestimmten Oberhaupt *(khan)*.

Der Aufstand der Tu-küe führte zu einem ersten Zusammenschluß *(ulus)* solcher Stämme. Ihr Göktürk genanntes Herrschaftsgebiet reichte von der Mandschurei bis Afghanistan; damit riefen sie Chinesen und Iraner als Gegner auf den Plan. Südlich des Aralsees stauten sich vordringende Gruppen; ihrer weiteren Expansion nach Süden stellten sich jedoch über Jahrhunderte hin mächtige Reiche entgegen: zuerst die iranischen Sassaniden (226–641), später die Araber. Als die Chinesen im 8. Jahrhundert nach einem Entscheidungssieg über ein arabisches Heer im heutigen Kirgisien zur Hegemonialmacht in Zentralasien aufrückten, zerfiel das Göktürk-Reich in Ost und West. Die westlichen Turkvölker, an der Spitze die Oghusen, traten in der Folge großenteils zum Islam über.

Türkische Söldner, fortan das Rückgrat der Kalifenheere, nutzten den inneren Zerfall des Araberreichs erstmals im 11. Jahrhundert. Der Stamm der Selçuken erzwang sich die Macht, sein Anführer Toğrul Bey vom Kalifen in Bagdad die Sultanswürde (1058): ein großselçukisches Imperium entstand, das sich von Samarkand im Osten bis zum Kaukasus und von dort bis zu den arabischen Wüsten erstreckte. Vorgezeichnet war damit ein bis in die Gegenwart nachwirkender Konflikt zwischen monarchisch regierenden Anführern und auf Machtverteilung unter den Sippen achtenden Stämmen. Erstere übernahmen zur Machtfestigung die seßhafte Lebensweise der von ihnen Eroberten, die Gruppen der Türkmen und Yörük dagegen (↗Gesellschaft) hielten am ungebundenen nomadischen Leben fest.

Der Sieg über ein byzantinisches Heer beim Van-See (1071) öffnete schließlich den Weg nach Anatolien. Die Folge war ein neues Selçukenreich, Rum, Reich der Römer, genannt, weil auf einstmals römischem Territorium errichtet. Zuerst mit Sitz in Nicaea (Iznik), dann in Konya, hatte es fast zwei Jahrhunderte lang Bestand und trug bei zu einer der glanzvollsten Epochen der anatolischen Geschichte. Die Sultane von Konya, armenische Königreiche (Kilikien), Kreuzfahrerstaaten (Friedrich Barbarossa fand 1189 beim Durchzug durch selçukisches Gebiet den Tod), arabische Enklaven, die Reste von Byzanz, das Kaiserreich von Trapezunt – sie alle befanden sich in unmittelbarer Nachbarschaft. Dazwischen lagen zeitweise bis zu dreißig von Turkstämmen beherrschte Emirate, und ein Austausch von Völkern und Ideen setzte ein, der letztlich, bei allen Kriegen, zu einem geistigen Klima nie gekannter Toleranz führte. Über die religiösen Unterschiede hinweg wurden Bündnisse geschlossen und wieder aufgelöst.

Trocknen von Paprika – die Sonne
übernimmt den Großteil der Arbeit

Frauen pflücken den Tee in mühsa-
mer Handarbeit

Der Waschplatz als Informations-
quelle über die neuesten Ereignisse

Abendstimmung am Schwarzen Meer

Nebeneinander blühten christliche Malerei und islamisches Kunstgewerbe. Als diese Blütezeit durch die große mongolische Invasion unter Dschinghis Chan 1234 ein Ende fand, hatte die islamische Zivilisation in Anatolien in ↗Kunst (↗Architektur) und Geisteswissenschaft (↗Wissenschaft) unverwechselbar eigene Züge angenommen.

Bis ins 14. Jahrhundert wurde um die Vorherrschaft erbittert gekämpft. Im Osten Anatoliens dominierten die Turkmenenemirate der Weißen Hammel *(ak koyunlu)* und der Schwarzen Hammel *(kara koyunlu)*; im Südwesten die der Saruhan, Germiyan (um Kütahya) und Aydın (um Izmir). Zentralanatolien und den Süden hielten die Karaman. Als erste hatten sie schon 1277 statt des Persischen Türkisch zur offiziellen Sprache erhoben, und lange sah es so aus, als übernähmen sie kulturell und politisch die Nachfolge der Selçuken.

Sieger aber wurden letztlich die Osmanen, ein zunächst unbedeutender Stamm, dessen Anführer Osman, Sohn des Ertuğrul, um 1299 ein kleines Fürstentum gegründet hatte; Brussa (Bursa) wurde erste Hauptstadt. Die Ursachen für den Erfolg der Osmanen sind im einzelnen umstritten. Zwei Faktoren waren zweifellos mit entscheidend: Zum einen etablierten sie sich zuerst als europäische Macht (1365 wird Edirne Hauptstadt), ehe sie zum Kampf gegen die anatolischen Emirate antraten. Der andere Faktor aber, der die osmanischen Türken zur Weltmacht aufsteigen ließ, war das in seiner Organisation und Schlagkraft lange Zeit einzigartige Heer mit der Elitetruppe der Janitscharen *(yeni çeri –* neue Truppe). Aufgestellt Mitte des 14. Jahrhunderts, rekrutierten sich diese zunächst aus jungen christlichen Kriegsgefangenen, dann vor allem – in systematischer Form zwischen 1438 und 1650 – durch *devşirme,* „Knabenlese": Zwangsaushebung bei den unterworfenen Balkanvölkern. Die körperlich wie geistig besonders befähigten Knaben unterzog man härtester Ausbildung, in deren Verlauf die jungen Männer zu begeistert-aufopferungsbereiten Muslimen und Osmanen umerzogen wurden. Ohne Familie, auf Lebenszeit kaserniert, bildeten sie als Bogenschützen, später Musketiere, den Kern der Infanterie des stehenden Zentralheeres. Unmittelbar dem Sultan unterstellt, waren sie dessen wirksamstes Machtinstrument. Die besten von ihnen – einer militärischen und intellektuellen nicht-türkischen Elite – stiegen, noch bis zum 17. Jahrhundert, in den Rang von Großwesiren auf.

Auf dem Höhepunkt ihrer Macht befanden sich die Osmanen im frühen 16. Jahrhundert: Selim I. errang mit der Einnahme

Syriens und Ägyptens (1516, 1517) die Kalifenwürde; sein Sohn, Süleyman I. (⁊Geschichte) herrschte über ein Großreich von Nordafrika über Kleinasien bis zum Balkan.

Das Heer mit der Speerspitze der Janitscharen machte die Osmanen unabhängig von militärischer Unterstützung durch die turkmenischen Vasallen; mit immer neuen Eroberungen sicherte es die zunehmend aufwendige materielle Versorgung des Staates, und bis weit ins 17. Jahrhundert hinein bot es Europa Anlaß zu Furcht und Schrecken. Allerdings waren die Janitscharen bereits Ende des 16. Jahrhunderts zum riskanten, sich verselbständigenden Machtfaktor im Staat geworden. Ausgreifende Eigeninteressen stellten sie über Loyalität; – Zug um Zug jedoch ließ dabei ihre militärische Schlagkraft nach, bis sie 1826 endgültig ausgeschaltet wurden.

Geschichtsmächtig wurden die Türken in der Vergangenheit nicht nur im Selçuken- und Osmanen-Reich; auch an Staatengründungen in China, Indien (Mogulreiche), Samarkand (Timur der Schreckliche), Ägypten (Mamelucken) und Europa (Bulgaren, Magyaren) waren sie beteiligt.

▰ Umwelt

Raubbau – zwei Drittel des jährlichen Holzeinschlags werden schlicht Brennholz – und Überweidung durch Schafe und Ziegen tragen wie eh und je zur Versteppung und Verkarstung des einst dicht bewaldeten Landes bei. Zwar nennt die Statistik mehr als ein Viertel (20 Mio. ha) der Gesamtfläche bewaldet, höchstens ein Drittel davon (in Thrakien, im Pontos, im Taurus) kann aber als wirklicher Hochwald gelten. Nach drastischen Einschätzungen werden infolge fortschreitender Erosion jährlich Erdmassen vom Umfang Zyperns ins Meer geschwemmt. Tatsache ist, daß es im Landesinnern vielerorts nur noch getrockneten Dung *(tezek)* als Brennmaterial gibt, daß die Hirten im Taurus ihre Herden oft nur mit Zisternenwasser tränken. Dies und anderes (⁊Unterkunft) sollten Wanderer bei Lagerfeuern oder ihrer Trinkwasserversorgung unbedingt schonend berücksichtigen. Als bedrohlich für den noch immer reichen Pflanzen- und Tierbestand (125 Säugetier-, 425 Vogelarten) erweisen sich Umstrukturierung der Landwirtschaft (Entwässerung von Sümpfen für Reis oder Baumwolle; Einsatz von Pestiziden und Kunstdünger), forcierte Industrialisierung (Verseuchung der Fischgründe im Marmarameer) sowie der Bauboom vornehmlich an den Küsten, hervorgerufen durch Überbevölkerung (Schwarzes Meer) und Tourismus (Ägäis,

Südküste; ↗Entwicklungshilfe). Artenschutz und Schonzeiten (↗Sport) existieren schon länger, aber erst seit 1987 sind auf einer Fläche, die mit ca. 25 000 ha kaum halb so groß ist wie der Bodensee, reine Naturschutzgebiete *(tabiatı koruma alanı)* eingerichtet sowie etwas lockerer gehandhabte Sonderschutzgebiete *(çevre özel koruma alanı)* in den Küstenregionen.

Mit zu den ersten Projekten zählten Aufforstungen. Ein Drittel des gesamten Waldgebiets wird, auch gegen Brände und Wildfrevel, von Forstschutzbeamten betreut. Doch sind sie oft hilflos. Wie jemandem, der sonst nichts besitzt, uralte Rechte wie Jagen oder Holzsammeln verwehren? Und wohin mit all den – nicht wie früher verrottenden – Abfällen der Industrie- und Plastikära? Ehemals hatte dem Dorf die Senkgrube genügt. Bislang aber stehen nötige Kanalisation und Entsorgung selbst in Städten und Ferienorten am Anfang. In den Großstädten gilt die Luftqualität als brisantestes Problem. Die vorherrschende Braunkohle soll als Energieträger allmählich durch Gas, vor allem aber Wasserkraft und vereinzelt Atomkraft ersetzt werden. Was die Staudämme des Südostanatolienprojekts GAP (↗Export) an Schädigungen der Böden bewirken werden, ist noch nicht abzusehen; Syrien und der Irak fürchten nur eines: Wasserentzug als Waffe! Beider Lebensader, der Euphrat, kann künftig jederzeit von den Türken gesperrt werden.

▰▰▰ Unterhaltung

Ein Nachtleben kennen muslimisch geprägte Städte nicht. Nachtschwärmer kommen nur in christlichen oder modernen Stadtvierteln zum Zuge. Insofern ist über die Metropolen hinaus das Angebot an Kinos, Theatern, Tanzlokalen, Restaurants mit Alkohol und Musik (↗Essen und Trinken) oder gar Rotlichtbezirken bescheiden bis dürftig. Wo doch vorhanden, sind sie allerdings bestens besucht.

Ehrbarere Ablenkungen (↗Hamam) finden sich in der Nähe von Teegärten (↗Frauen allein unterwegs) oder Grünanlagen *(park)*, wo auch Familien oder Gruppen von Mädchen flanieren. Jugendliche beiderlei Geschlechts können sich hier in Augenschein nehmen, scherzen, Kontakte knüpfen, ohne sich, da stets in der Gruppe, Verdächtigungen auszusetzen wie beim Rendezvous zu zweit (↗Moralkodex, Tabus). In seiner wichtigen Eigenschaft als untadeliger Treffpunkt bietet der *park* Karusselle, Schießbuden, fliegende Händler mit Tee, Süßigkeiten oder Luftballons, daneben Losverkäufer der Staatslotterie *(milli piyango)*, obgleich

Glücksspiele gläubigen Muslimen ein Greuel sind. ↗Sportplätze, Wettbüros und Stellen zum Angeln bevölkern meist Männer.

Die klassische Zeit für Unterhaltungen aller Art, der *ramazan* (↗Riten), hat durch die Volksseuche Fernsehen böse gelitten. Märchenerzähler und Gaukler, Schattenspiel *(karagöz)* und *kanto* (eine Mischung aus Couplets, Tanz und Pantomime) verschwanden fast völlig. Selbst die *aşık*, mystische Barden, die noch bis vor wenigen Jahren mit ihren Liedern umherzogen, sind im professionellen Unterhaltungsbetrieb aufgegangen und nur noch über die Medien oder bei geschlossenen Veranstaltungen zu hören. Immerhin – die Freude an ↗Musik und ↗Tanz besteht fort. Bei allen Vorbehalten der Religion gegenüber deren sittengefährdenden Seiten (↗Sexualität) fällt ihnen gerade als Volkskünsten die zusätzliche Aufgabe zu, den (ansonsten sittenwidrigen) Austausch von Botschaften zwischen den Geschlechtern zu ermöglichen – und zu verschlüsseln. Hochzeiten sind Sprossen auf der Karriereleiter jedes Schlagersängers. Wo es Zeit zu überbrücken gilt (etwa bei Überlandbusfahrten), ist dies ohne Musik undenkbar.

Auf dem Land sorgen jahreszeitlich bedingte Feste für Abwechslung: Erntedank, alevitische Riten (↗Religion) oder Almtänze wie anläßlich der „Woche der Mahd" *(otçu haftası)* im Schwarzmeergebiet. Im Herbst schließlich ist das größte Vergnügen der Männer die Jagd.

Von Atatürk eingeführte dörfliche Volkshäuser, die sowohl der Bildung wie auch der Geselligkeit dienen sollten, wurden in den fünfziger Jahren als politisch suspekt wieder abgeschafft.

Beschneidungsfest am Hof des Paschas

Den zehn Tage dauernden Festlichkeiten gingen verschiedene Veranstaltungen voraus, welche die Ungeduld der einfachen Bevölkerung beschwichtigen sollten. Noch während man mit den Vorbereitungen zum Fest beschäftigt war, konnte sich das Volk ... an Tierkämpfen, Pferderennen und Geschicklichkeitsspielen mit der Lanze, dem Speer oder der Muskete oder an den Kunststücken der Gaukler ergötzen. Einer dieser Gaukler spannte ein vierhundert Klafter langes Seil von einem Minarett zur Mauer der Zitadelle und versetzte die Menge durch seine in großer Höhe ausgeführten Akrobatenstücke in Staunen. Am folgenden Tag kündeten drei Kanonensalven und das fröhliche Schmettern der Trompeten, Posaunen, Querpfeifen und Pauken den offiziellen Beginn der Festlichkeit an, und alle Notablen begaben sich ins Schloß des Paschas.

Der große Hof der Zitadelle, der zweitausend Pferden Platz bot,
konnte die Menge der Ankommenden nicht mehr fassen, so daß
die meisten Besucher ihre Reittiere in den unteren Höfen zurück-
lassen mußten. Alle Pferde waren mit prächtigem, oft mit Edel-
steinen besetztem Zaumzeug und bestickten Satteldecken, die bis
zum Boden reichten, geschmückt. Im gleichen Hof, mitten
zwischen den vielen Pferden, standen zwei Zelte, deren eines die
Tänzer und die Spieler von Saiteninstrumenten beherbergte,
während das andere die Trompeter, Paukenschläger und Trommler aufnahm. Bei der Ankunft eines Beys und im Augenblick
der Beschneidung eines Kindes verkündete ein Fanfarenstoß den
Geladenen das wichtige Ereignis.

Jede der sieben- bis achthundert Personen, die zum Haushalt des
Paschas gehörten, hatten vom Statthalter zum Fest zwei Jacken
aus Satin in verschiedenen Farben, eine Jacke aus englischem
Tuch mit einer Kniehose und einen russischen Fuchspelz erhalten. Der niedrigste Sklave trug schöne Kleider und einen Turban
aus Musselin „mit vier Finger breit Gold am Ende, über einer
Kappe aus Samt oder englischem Tuch". Ibrahim Bey, der prächtig gekleidete Sohn des Paschas, wechselte seine Kleidung drei- bis
viermal am Tag.

Nachts war die Stadt von zehntausend Lampen erleuchtet, die
man täglich zu neuen Mustern zusammenstellte. So stellte eine
auf einer Palme angebrachte Lichterkette die Inschrift dar: „Ich
wachse allein durch die Beschneidung empor", in Anspielung
auf den alljährlichen Schnitt dieses Baumes.

Dreihundert Gerichte wurden täglich für die Mahlzeiten der
Beys, siebenhundert für den Pascha und seine Geladenen, und
dreitausend für die Bediensteten zubereitet. Was übrig war, ging
an das Volk; soviel war vorhanden, daß, nach der Speisung von
viertausend Personen im Schloß, zehntausend Menschen in den
verschiedenen Stadtvierteln noch satt wurden.

Jeden Tag unterzogen sich etwa fünfhundert Personen der Beschneidung. Wie versprochen erhielt jeder ein Kleid und eine
venezianische Zechine. Ibrahim Bey wurde als letzter beschnitten.
Er begab sich in einer Prozession von der Zitadelle zu einer alten
Moschee. (...) Ihm voran ritten zwölf in Goldstoff gekleidete und
auf weißen Schimmeln reitende Pagen. Gold und Silber wurde
unter die Menge geworfen, und Blumen waren auf den Boden gestreut. (...) Alle Gefangenen wurden begnadigt, und der Pascha
bezahlte die Schulden der zahlungsunfähigen Schuldner. (...)

Aus: Oleg V. Volkoff, „Tausend Jahre Kairo".

▀▀ Unterkunft

In der Regel übernachten nur Männer in den traditionellen Hotels (↗Reisen der Einheimischen), die äußerlich schlicht, innen manchmal nicht allzu sauber sind. Regt sich irgendwo der Tourismus, tauchen auch Hotels und Pensionen mit dem hethitischen Sonnensymbol auf; 1987 waren es bereits mehr als 600. Die ovale Tafel am Eingang, zusätzlich mit einem bis fünf Sternen versehen, garantiert im Namen des Tourismusministeriums die Professionalität des Unternehmens. Für allein reisende Frauen sind sie ideal, da sie ein Restaurant besitzen. Allerdings ist das Essen meist standardisiert und ohne Pfiff.

Ähnlich sind die Hotels der Gemeinden *(belediye)* beschaffen, wenn auch auf niedrigerem Niveau (ein Stern). Das Personal verdient weniger als in vergleichbaren privaten Hotels. *Bahşiş* ist hier, aber auch nur hier, zugleich eine Vorbeugemaßnahme. Andernfalls sind gewisse Manipulationen an Hotel- oder Restaurantrechnung nicht auszuschließen.

Generell sollte *bahşiş* jedoch bei keiner Unterkunft vergessen werden, für Portiers, Kofferträger, Zimmermädchen, Kellner etc. immer getrennt – niemals in einen gemeinsamen Topf an der Rezeption.

Campingplätze sind dünn gestreut, wildes Campen ist jedoch nicht explizit verboten. Trotzdem empfiehlt es sich, sich durch Fragen in private Obhut zu begeben. Die kleine Gebühr, die man z. B. für einen Zeltplatz von sich aus bezahlen sollte, wird zumeist auf hunderterlei Weise vergolten. Bauern ist vor allem eines wichtig: daß beim Zelten als Winterfutter kostbares Gras nicht niedergetrampelt wird!

Im Osten ist es ratsam, die Nähe von Gendarmerien *(jandarma)* zu suchen. Im Westen, vor allem im ägäischen und mittelmeerischen Küstenbereich, bieten die Campingplätze von BP-Mocamp europäischen Standard bei europäischen Preisen.

In den erschlossenen Badeorten gibt es auch Feriendörfer *(tatil köyü)*. Den gefürchteten Touristenghettos kommen sie schon gefährlich nahe. Weniger komfortabel, dafür mit Aussicht auf Familienanschluß, sind Pensionen. Bei Aufenthalten ab etwa zwei Wochen bietet es sich an, den Quartierpreis auszuhandeln. Spät abends auf einem der Busbahnhöfe in Feriengebieten Ankommende können die Dienste jugendlicher Schlepper ruhig in Anspruch nehmen. Für jeden Gast, den sie vor allem Pensionen bringen, bekommen sie eine kleine Prämie, es sei denn, sie gehören zur Familie.

Die Preise folgen klaren Richtlinien. Ob in Hotels oder Pensionen – überall müssen Listen ausliegen mit präzisen Angaben auch über Ermäßigungen *(indirim)* in Vor- und Nachsaison.

Verkehrsmittel

Minibus *(dolmuş)* und Reisebus *(otobüs)*, jener für kurze, dieser für lange Strecken, sind die alltäglich meistbenützten Vekehrsmittel. Der *dolmuş* (Tarif innen angeschlagen) verbindet Stadtmitte mit Außenbezirk und Dorf. Er fährt erst ab, wenn wirklich keiner mehr hineinpaßt und nimmt unterwegs auf Handzeichen hin Fahrgäste auf, die er je nach Wunsch wieder absetzt. Ganz anders der manchmal schlichte, manchmal luxuriöse Langstreckenbus: hier gelten genaue Fahrpläne und Platzkarten (↗Feiertage, Frauen allein unterwegs). Pulsierende Knotenpunkte des Systems sind die städtischen Busstationen *(otogar, terminal)*. Marktschreierisch bieten Privatunternehmen unterschiedlichen Niveaus (Top: Varan, Pamukkale, Ulusoy) Fahrten in alle Richtungen an. Ein meist jugendlicher Helfer *(muavin;* auch beim *dolmuş* eine Art Fahrerazubi aus dem Kreis der Familie) an Bord kümmert sich um den Service wie ein paar Spritzer Duftwasser, *kolonya,* in die Hand zur Begrüßung (↗Bräuche, Blumen) und kostenloses Trinkwasser auf Wunsch oder kassiert Fahrgeld ein. Stopps an Raststätten, modernen Karawansereien mit Läden und Restaurants, erfolgen im Zwei- bis Vier-Stunden-Takt. Sie bieten die Möglichkeit, Frischluft zu schnappen, wofür vor allem Nichtraucher dankbar sind, denn der Zigarettenqualm im Bus kann gelegentlich lästig werden.

Alkohol am Steuer, durch den Islam ein weit geringeres Problem als in Europa, ist kategorisch verboten. Hauptursachen für Unfälle sind Raserei (häufig Radarkontrollen hinter den Grenzen), Übermüdung (Fahrtenschreiber sollen Berufsfahrer jetzt zwingen, die gesetzlich vorgeschriebenen Pausen einzuhalten), schadhafte Straßenbeläge (von 60 000 Kilometern Straße sind rund 20% noch unasphaltiert), unzureichend oder überhaupt nicht gesicherte Baustellen (↗Lebenseinstellung), unbeleuchtete Bauernkarren sowie Schaf- und Rinderherden, die nachts unvermutet im Scheinwerferlicht auftauchen. Auch Ausländer, die zu sehr auf die Einhaltung z.B. von mitteleuropäischen Verkehrsvorschriften vertrauen, tragen zu Unfällen bei. Vorschriften scheinen manchmal eher dazu da zu sein, zusätzliche Einnahmen zu ermöglichen (↗Polizeikontrollen).

Auf den Landstraßen dominieren noch Busse (↗Reisen der Einheimischen), LKWs und landwirtschaftliche Fahrzeuge. In den

Städten dagegen hat sich die Zahl der PKWs in den letzten zwanzig Jahren nahezu verzehnfacht. Die Metropolen mit dem eigenen Wagen zu meiden ist ratsam, denn es gibt selbst für die äußerst preisgünstigen und zahlreichen öffentlichen Verkehrsmittel wie die allgegenwärtigen *dolmuş*, den *otobüs* mit *bilet*-Verkauf an den Haltestellen sowie für Taxis (mit Taxameter; ↗Kriminalität) kaum noch ein Durchkommen.

Über Land hat die staatliche Eisenbahn (TCDD) ihre einst beherrschende Rolle eingebüßt. Preislich ist sie zwar am günstigsten, doch sind Leistung und Ausstattung der Züge auf dem rund 8000 km langen Schienennetz entsprechend schlicht. Schlaf- *(yataklı vagon)* und Speisewagen *(yemekli vagon)* führen nur die *mavi tren* zwischen Istanbul, Izmir und Ankara sowie der Meram-Express von Istanbul nach Konya. Allerdings ist die Fortführung dieser Strecke über den Taurus (Bagdadbahn) von großem landschaftlichen Reiz.

Vergleichsweise teuer sind die drei inländischen Schiffslinien der *türkiye denizcilik işletmeleri:* Istanbul–Izmir, Istanbul–Alanya, Istanbul–Trabzon. Rund 1,5 Mio. Passagiere nehmen sie jährlich zwischen Mai und September in Anspruch.

Wer es sich leisten kann, zieht jedoch für längere Strecken das Flugzeug vor. Die staatliche THY (Sommertarif Anfang April bis Ende Oktober) fliegt für unsere Begriffe preisgünstig von Istanbul und Ankara nach Diyarbakır, Elazığ, Erzurum, Kayseri, Malatya, Samsun, Sivas, Trabzon und Van. Über Adana, Antalya, Dalaman und Izmir werden auch Auslandsflüge abgewickelt. Das – neuerdings um Privatgesellschaften erweiterte – System hat internationalen Standard. In die Städte im Osten geht jedoch oft nur eine Maschine (DC-9) am Tag.

Übrigens Osten: dort sind die meisten der noch unasphaltierten Strecken. Motorradfahrer, die hier sehr langsam vorankommen, werden schon mal von Hütehunden verfolgt. Die früher legendären Steinwürfe von Kindern haben durch das erheblich höhere Verkehrsaufkommen deutlich abgenommen.

■■■ Visitenkarten siehe Geschäftsreisen

■■■ Wirtschaft

In osmanischer Zeit lag ein Großteil des Handels in den Händen von ↗Minderheiten (↗Arbeitsleben). Eine eigene Industrie fehlte fast völlig, das Finanzsystem beruhte im wesentlichen auf Grundsteuern und Zöllen.

Atatürks Antwort hieß Etatismus. D.h., der Staat sollte zwar durch Planung die wirtschaftliche Richtung vorgeben, aber selbst nur dort investieren, wo sich Privatunternehmen nicht dazu imstande sahen. Ein erster Fünfjahresplan (1934) brachte beim Aufbau von Montan-, Textil-, Zellstoff-, Keramik-, Zement- und Chemieindustrie große Erfolge. Von vornherein konzentrierte sich die Produktion jedoch auf die Region rings ums Marmarameer (heute fast die Hälfte der gesamten Industrieerzeugung) sowie die Großräume Ankara/Konya und Izmir (15–20%); alle künftigen Probleme (West-Ost-Gefälle, riesige Ballungsräume) waren damit vorprogrammiert.

Der wirtschaftspolitische Schlingerkurs sämtlicher Regierungen nach Atatürk (↗Entwicklungshilfe) wies zumindest zwei Gemeinsamkeiten auf: die starke Betonung der Landwirtschaft (↗Armut) sowie eine ausgeprägte Orientierung auf den Binnenmarkt (↗Import). Beides machte die Regierung Özal für die schweren Krisen des Landes verantwortlich. Konsequent liberalisierte sie die Außenwirtschaft, stellte ausländische Investitionen inländischen praktisch gleich, baute Subventionen ab, begann mit der Privatisierung von Staatsbetrieben (Schwerindustrie) und bewirkte auf allen Ebenen einen radikalen Strukturwandel. Nach zehn Jahren Liberalismus gilt die Türkei nicht mehr als Agrar-, sondern als Schwellenland.

Hauptanteil am Bruttosozialprodukt tragen jetzt Industrie (1989: 37%; BRD 40%) und Dienstleistungen (46%; BRD: 58%). Um diese Sektoren und damit auch die ↗Exportmöglichkeiten weiter zu fördern, setzt der Staat vor allem auf gewaltige Projekte zur Energiegewinnung. Allein an Euphrat und Tigris sollen bis zur Jahrtausendwende 21 Staudämme entstehen. Die erwartete Leistung (7513 MW) entspräche mehr als der Hälfte der gesamten derzeitigen Elektrizitätserzeugung (↗Umwelt).

Gleichzeitig sind damit aber auch alle Probleme umrissen. Die Modernisierung ist nur über Kredite möglich. Die hohe Verschuldung (1987: 40326 Mio. US-$) macht das Land bei labilen internationalen Verhältnissen immer exportabhängiger, ohne daß eine nennenswerte Verbesserung der Handelsbilanz (1989: −4,2 Mrd. US-$) auf absehbare Zeit zu erwarten wäre. Sämtliche Maßnahmen gehen jedoch immer zu Lasten der Bevölkerung (↗Einkommensverhältnisse). Besonders deutlich wird dies am Beispiel der Staatsbetriebe. Ihre sehr hohen Verluste tragen ganz wesentlich zur Inflation bei; andererseits sind sie zur Beschaffung von Arbeitsplätzen in strukturschwachen Gebieten zu wichtig, um in dem von der Regierung gewünschten Umfang saniert werden zu können. Daß die Leistungsbilanz dennoch positiv ausfällt (1989: 0,9 Mrd. US-$), liegt vor allem an den Überweisungen der Auslandstürken (1989: ca. 5 Mrd. DM) und den Einnahmen aus dem ↗Tourismus.

Wissenschaft

Der anfangs stürmische Erkenntnisdrang des Islam hatte sich zur Zeit der Osmanen bereits erschöpft. Für den Muslim war das Weltbild vollendet. Wissenschaft bedeutete im wesentlichen noch die Beherrschung des von früheren Generationen erarbeiteten, in die Religion eingebetteten Stoffes. Dennoch leisteten die Osmanen Hervorragendes auf dem Gebiet des Rechts, der Geschichtsschreibung und der Erdkunde, besonders der Seekartographie.

Wie jedes neu islamisierte Volk (↗Gesellschaft) bewahrten sich auch die Türken, u. a. in der Mystik, ein Stück ihrer alten Identität. Die ausgeprägte Sozialethik der Nomaden, Seelenwanderungsvorstellungen und zyklische, dem Naturrhythmus folgende Zeitbegriffe mischten sich darin mit griechischem und islamischem Geist. Derwische trugen diese Gedanken unters Volk. Manche gründeten Orden oder philosophische Schulen: Hacı Bektaş (1247–1337), von den Alevî (↗Religion) hoch verehrt, fand vor allem Anhänger unter der einfachen Bevölkerung; Şeyh Bedreddin (ca. 1358–1416) kämpfte mit der Waffe für soziale Gerechtigkeit; Mevlana Celalettin Rumi (ca. 1207–1273), dessen Werk seine Bewunderer in die Nähe des Korans rückten, faszinierte die Intellektuellen. Für Atatürk waren, auch wenn er die einzelnen Persönlichkeiten sehr wohl bewunderte, all diese Orden politisch verdächtig. Als Organisationen wurden sie verboten.

Modernen Wissenschaftlern fehlt es vor allem am Geld; der Idealismus gerade von Geisteswissenschaftlern ist um so bewundernswerter. Ausgesprochen beliebt ist die Archäologie. Durch Ausgrabungen und Dependancen vieler ausländischer Universitäten verfügt sie mit über die besten Forschungseinrichtungen. Staatliche Mittel gibt es bevorzugt für politisch nutzbare Projekte: So sprachen z. B. die ostanatolischen Urartäer (9.–6. Jahrhundert v. Chr.) vermutlich eine altaische, also dem Türkischen verwandte Sprache. Da sie vor den Armeniern auftraten, leitet man nun daraus territoriale Vorrechte ab. Schwer nachvollziehbare Geschichtskonstruktionen machen aus Sumerern oder Hethitern Vorfahren der Türken, um die eigene Größe und das Heimatrecht in Anatolien auch wissenschaftlich zu begründen (↗Kultur).

▬▬ Wohnen

Wer kann, hält sich im Freien auf: Hof, Straße oder auch nur der Platz vor der Türschwelle bieten genug Gelegenheit. Das Haus selbst sollte zumindest zwei Zimmer haben (die Hälfte der Bauernhäuser hat, aus Armut, nur eins); dann erst entspricht es der nötigen Trennung von Männer- *(selamlık)* und Frauenbereich *(haremlik)* – auch hinsichtlich der Besucher.

Die Küche, gerade in den einfachen Bauernhäusern oft nur ein transportables Holzkohleöfchen oder ein in den Boden eingelassener Herd aus gebranntem Ton *(tandır)*, gehört, wenn nicht gerade im Hof gelegen, zum *haremlik*, ebenfalls die Waschmöglichkeit (➚Hamam). Der Abtritt liegt immer deutlich außerhalb des Wohnbereichs; dieser muß nämlich auch in einem rituellen Sinne sauber sein und darf deshalb nie mit Schuhen betreten werden.

Den Boden bedecken Teppiche *(halı)*, Filze oder Flachgewebe (➚Handwerk). Von derselben Machart sind die Säcke, in denen früher Hausrat und Besitz aufbewahrt wurden. Truhen, Regale und Einbauschränke haben sie nach und nach ersetzt. Sperriges kennt der Raum nicht, ursprünglich auch nicht Tische, Stühle oder Betten (➚Statussymbole). Üblich sind Sitzkissen, bei mehr Platz (➚Architektur) an den Wänden entlanglaufende Polsterbänke *(sedir)*. Beheizt wird meist nur ein Zimmer, der Ofen im Frühjahr abgebaut. Heizmaterial sind Dungbriketts (➚Umwelt), Holz oder Braunkohle. Strom gibt es heute fast überall, aber er ist teuer.

Zum Essen breitet die Frau auf dem Boden ein Tuch aus; ist es groß genug, soll es auch die Füße bedecken. Falls männliche Gäste anwesend sind, bleiben die Frauen des Hauses nach dem Auftragen in der Küche und nehmen an der Mahlzeit nicht teil, allerdings nur bei orthodoxen Sunniten (➚Religion). Manchmal erfolgt die Bewirtung durch den ältesten Sohn.

Als Nachtlager dienen Matratzen; tagsüber werden sie in Schränken verstaut oder in einer Ecke aufgestapelt. Nahezu alle in ländlichen Gebieten lebenden Familien besitzen zwar ein eigenes Haus. Doch wenn sich die Hälfte von ihnen – oft fünf, sieben oder mehr Mitglieder zählend – zum Wohnen, Essen und Schlafen in einen einzigen Raum teilen muß (➚Stadt- und Landleben), wird nicht nur die geforderte Geschlechtertrennung schwierig oder das Beisammensein Jungverheirateter. Auch der soziale Druck zur Anpassung steigt und bedeutet für den Einzelnen oft Verzicht auf persönliche Verhaltensspielräume (➚Familie).

Zeit

„Yavaş yavaş" („Immer mit der Ruhe!") ist einer der Schlüsselsätze. Etwas zu überstürzen, hieße, die eigene Fähigkeit, auf das Unabänderliche des Lebens Einfluß zu nehmen, zu überschätzen (↗Lebenseinstellung). Wer also Geduld nicht aufbringt, wird in der Türkei auf Probleme stoßen. Pünktlichkeit gilt nur für private Überlandbusse, für Schiffe und Flugzeuge, ferner für Schalterstunden von Banken und Behörden. Bei Zügen und jedem anderen Verkehrsmittel sind Fahrpläne, sofern sie überhaupt existieren, lediglich Orientierungshilfen.

Zum Privatleben gehört warten. Verabredungen erfolgen – je nach Anlaß und Milieu – allenfalls auf die Woche, das Datum oder die Tageszeit genau, selbst wenn eine präzise Uhrzeit angegeben sein mag. Auch Auskünfte zur Länge einer Wegstrecke sollte man nicht zu wörtlich nehmen; der Bauer, der sie auf Anfrage erteilt, geht erheblich zügiger als Wanderer; auch meint er eher die Dimension der Strecke, also nah oder fern. Man ist gut beraten, wenigstens das Doppelte zu rechnen.

Der zeitliche Lebensrhythmus folgt im wesentlichen der Natur und dem Islam. Aufstehen zum ersten Gebet (↗Riten) bei Sonnenaufgang, Feierabend bei Sonnenuntergang. Bedeutsam, ja existentiell werden Minuten und Sekunden nur im Fastenmonat, wenn sich die Muslime erst mit dem genau festgelegten Ende des Tages zu Tisch setzen dürfen. Hier auch die Erklärung, weshalb Prachtuhren zur Ausstattung jeder Moschee gehören.

Wo ein Tag übrigens nicht enden mag, z.B. im Sommer in Nordeuropa, darf sich ein Muslim auf Reisen auch an seinem Heimatland orientieren.

Zeitunterschied zur MEZ ist eine Stunde, auch im Osten, der de facto bereits der nächsten Zone angehört. Von April bis September gilt Sommerzeit.

Bildnachweis

Hackenberg, Rainer: S. 17 unten, 51, 119, 120. Müller, Gerhard P.: S. 17 oben.
Neumeister, Werner: S. 18 oben, 52 unten, 86 unten. Nusser-Verlag, Heinrich
Werner: S. 18 unten, 52 oben, 86 oben. Thoma, Hans: S. 85.

Quellennachweis

Der Abdruck der begleitenden Texte erfolgt mit freundlicher
Genehmigung der folgenden Verlage:

Akkent, Meral/Franger, Gaby: *Das Kopftuch Başörtü.* © Dağyeli Verlag, Frankfurt/M. 1987.

Hottinger, Arnold: *Unbekannter Nachbar Türkei.* © AT Verlag, Aarau/Schweiz 1990.

Kemal, Yaşar: *Das Lied der Tausend Stiere.* Deutsch von Helga Dağyeli-Bohne und Yildirim Dağyeli. © Unionsverlag, Zürich 1979.

Moltke, Helmut von: *Unter dem Halbmond.* © Edition Erdmann im K. Thienemanns Verlag, Stuttgart – Wien 1984.

Ören, Aras/Schneider, Peter: *Wie die Spree in den Bosporus fließt: Briefe zwischen Istanbul und Berlin.* © Babel Verlag Hund & Toker, Berlin 1991.

Özakin, Aysel: *Glaube, Liebe, Aircondition. Eine türkische Kindheit.* Deutsch von Cornelia Holfelder-von der Tann. © Luchterhand Literaturverlag, Hamburg – Zürich 1991.

Schienerl, Peter W. (Hrsg.): *Diplomaten und Wesire. Krieg und Frieden im Spiegel türkischen Kunsthandwerks.* © Staatliches Museum für Völkerkunde, München 1988.

Volkoff, Oleg. V.: *Tausend Jahre Kairo.* Übersetzt von Marguerite Haeny. © Verlag Philipp von Zabern, Mainz 1984.

Weiner, Sigrid: *Maschallah. Islam und Alltag in der Türkei.* © Verlag Ludwig Auer, Donauwörth 1985.